丸わかり！

遠足・園外保育 当日までの流れ

遠足・園外保育の基本的な流れが一目でわかるスケジュール表です。
この表で全体の流れをつかみ、個々の計画は参照のページをそれぞれご覧ください。

＊身近な壁や机にはって、必要なときにすぐ見られるようにしておくと便利です。
＊準備期間は目安です。それぞれの園の方針に合わせて計画してください。

キリトリ線

当日

さぁ、始めよう

行ってきます！

当日朝のチェック 48ページ

いよいよ出発！
いろいろな体験、遊びをしよう

自然遊び 52ページ
外遊び 60ページ
バスレク 74ページ
お弁当を食べるとき 30ページ

目的地で思いきり遊ぼう！

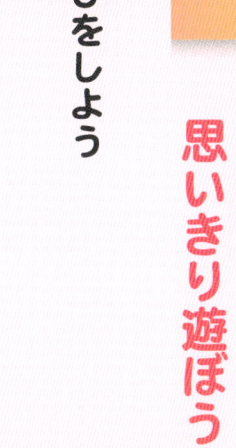

丸わかり！ 遠足・園外保育 当日までの流れ

遠足・園外保育の基本的な流れが一目でわかるスケジュール表です。この表で全体の流れをつかみ、個々の計画は参照のページをそれぞれご覧ください。

＊身近な壁や机にはって、必要なときにすぐ見られるようにしておくと便利です。

＊準備期間は目安です。それぞれの園の方針に合わせて計画してください。

キリトリ線

さぁ、始めよう

決める　準備　当日

保育者

1か月前

遠足・園外保育の行き先を決めよう 16ページ

雨天時の行き先を決めよう 42ページ

安全対策について話し合おう 34ページ

14日前

下見をしよう 26ページ

安全対策の確認をしよう 35ページ

保護者へのお知らせを作ろう 32ページ

帰ってからしたいことを考えよう 80ページ

7日前

現地での遊びやバスレクを考えよう 52ページ

しおりを作ろう 44ページ

前日

保育者の持ち物を確認しよう 28ページ

スケジュールや天候の確認

当日

当日朝のチェック 48ページ

園児

7日前

下調べやしたい遊びを考えよう 21ページ

前日

約束事を確認しよう 34ページ

行ってきます！

当日

目的地で思いきり遊ぼう！

いよいよ出発！ いろいろな体験、遊びをしよう

自然遊び 52ページ

外遊び 60ページ

バスレク 74ページ

お弁当を食べるとき 30ページ

行事の流れがよくわかる

まるごと
園行事

4

遠足・園外保育

阿部　恵　編著

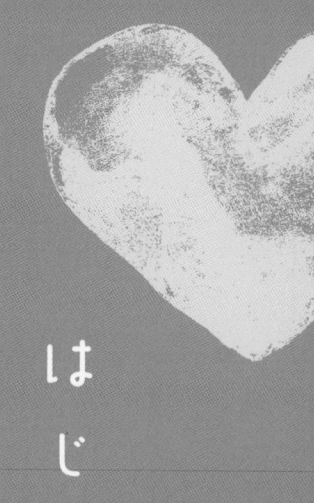

はじめに

行事は、日常の子どもたちの生活に、さまざまな刺激やうるおいを与えてくれます。

園での行事を子どもたちの総合的な活動ととらえ、シリーズを通してその行事のねらい・考え方・運営の仕方・保育者のかかわり方・準備・製作や遊びのアイデア等を、できるだけていねいに解説しようと試みました。

新任の保育者ではじめて行事に参加する方から、園行事を見直そうと取り組まれている方まで、多くの方に参考にしていただき、保育にいかしていただけますよう願っています。

阿部　恵

目次

part 1

考え方編　遠足・園外保育のねらいと内容

part 2

準備編　当日までにしておくこと

part 3

当日編　遠足・園外保育を盛り上げるアイデア

part 4 資料編……よりよい遠足・園外保育のために

考え方編

part 1 遠足・園外保育のねらいと内容

外で遊ぶことが大好きな子どもたち。遠足に限らず普段の散歩でも、
子どもたちはワクワク、ドキドキしながら過ごしていることでしょう。
保育者はねらいを明確にもち、なにを経験してほしいのか考えてみましょう。

園外保育の基本

園外保育のねらい

園外で活動するときにはさまざまな準備が必要ですが、最初に考えたいのはそのねらいです。年齢別に考えてみましょう。

子どもたちの発達や年齢に合わせた内容にしましょう

子どもがなにと出会ってほしいか、なにを経験してほしいかについて、保育者それぞれに思いがあるでしょう。その思いを形にしていくには、保育者同士でのていねいな話し合いが必要です。

小さな子にとってはみんなと歩くだけでも楽しい体験ですし、5歳児は自然の微妙な変化に気がつくかもしれません。

各年齢の発達に沿って、今経験してほしいこと、今子どもたちに出会ってほしいものはなにかについて考え、話し合うことで、その思いが子どもにも届きます。

園外保育

その名の通り、園の外へ出て保育することを園外保育といいます。大きく分けて日常の保育で行われる近隣での園外保育と、行事としての遠足の２つのタイプがあります。

遠足

普段の散歩より遠い場所へ、徒歩またはバスなどを使い、１日かけて行く。園の大きな行事として１年に1～3回行われることが多い。

近隣での園外保育

普段の保育活動で、近くの公園で遊んだり園の周辺を歩いたりする。

0、1歳児

日常の散歩がメイン。ときどき雰囲気を変えるくふうを

0、1歳児の園外保育といえば主に普段の散歩でしょう。特別な場所へ行くのではなく、近くの公園や園庭をゆっくりのんびり散策するくらいが、この年齢では十分楽しめます。

また、3、4、5歳児が園外保育で園にいないときなどは、園庭の遊具を思う存分使うチャンスです。見慣れている花壇もゆったりとした気持ちで楽しめますし、そこで新たな発見があるかもしれません。

まだお弁当を持って遠足に行くことがほとんどないので、園庭や保育室にシートを敷いて食べるだけでも変化があって楽しいものです。3、4、5歳児たちが「きょうは遠足」という日は、0、1歳児たちも遠足気分で1日を過ごしてみるのもいいでしょう。

0、1歳児の近隣での園外保育の例

戸外に出ることそのものを楽しむ
歩ける子は歩くだけでもウキウキ！
シートや芝生の上をはいはいする子も
帰りは眠くなることもあるので、ベビーカーを用意して行く

2歳児

行き方に変化をつけていつもの場所へ

2歳児の園外保育では普段の散歩のほかに、ちょっと遠くの公園へ行くなどのミニ遠足を行うこともあるでしょう。その場合も0、1歳児と同様、初めての場所へ行くよりは慣れた場所のほうが子どもたちも安心です。雰囲気を変えたいときは、いつもと少し違う道を通ったり、遠回りをしたりなど危険のない範囲でくふうしてみましょう。

遠足に対する期待を受け止めて

遠足となると2歳児なりに期待します。「私のリュックサック、見て!」と自分でしょって行くことがとてもうれしそうです。その気持ちを受け止め、荷物は子どもが疲れずに持てるように中身を減らし、残りの荷物は保育者が分担したりベビーカーに乗せたりします。柔軟な対応で、満足のいく遠足にしましょう。

2歳児の遠足の例

歩いているときもいろいろなものに興味津々なので、保育者は目を離さない

保育者や友達と手をつないで歩けるようになってくる

自分の荷物を自分で持つことも楽しみのうち

自然を見たり触れたりして楽しむ

3歳児

現地で楽しめるように配慮

普段の散歩では公園で遊んだり、周辺を散策したりすることが多くなります。そのほか、お弁当を持って行く遠足が年に1～3回あるでしょう。自分で荷物を持ち、自分でお弁当を出して食べ、後片づけをして帰ってくることは、3歳児にとっては大変なことです。子どもの負担にならないよう、現地では思いきり遊び、お弁当を楽しく食べて帰ってくることを大きなねらいとします。

お弁当の時間を楽しく

お弁当への期待は大人が思う以上に大きいようで、目的地に着くなり「お弁当は？」と聞いてきます。ひとしきり体を動かして遊んだら、昼前にお弁当の時間にしてみてもいいでしょう。お弁当の用意は、できるところは自分でやり、うまくできないところは大人が少し手を貸します。やってもらううれしさも感じながら、楽しいお弁当タイムにしましょう。

3歳児の遠足の例

歩くことの経験が子どもによって違うので、配慮する
無理せず余裕のあるスケジュールを立てる
あの木まで走ろう！
はーい
よーし
広い場所でただ走るだけでも開放感を味わえる

4歳児

4歳児の実態、様子に合った内容にしましょう

普段の散歩では公園での集団遊びをしたり、園にはない自然と触れ合ったりすることが多くなるでしょう。

遠足では3、4、5歳児で同じ目的地に行くことが多いので、3歳児よりもちょっとおにいさん、おねえさんということを感じられる内容にできるといいですね。

とはいえ、4歳児はやりたいこととできることにギャップがあります。そこが4歳児の魅力でもあるのですが、5歳児に合わせようとすると疲れが出ますし、反対に5歳児を4歳児に合わせようとすると5歳児にはものたりない内容になってしまいます。目的地はいっしょでも歩くコースを変えるなど、4歳児の実態を把握した内容にする必要があります。

4歳児の遠足の例

こっちのコースを行きます

5歳児とは違うコースを歩いてみる

おにごっこする人ー！

集団遊びが楽しめる年齢。みんなといっしょに遊ぶことがうれしい

虫探しや葉っぱ集めなど自然とかかわる経験を楽しむ

5歳児

子どもたちで事前の準備をするとより楽しくなります

普段の散歩でも、遠足のときでも、事前に「みんなでいっしょに話し合って決めた」と感じられるようなかかわりをもつと、より充実した園外保育になります。目的地を決めるときや、着いてからする遊びなどについて話し合い、保育者が子どもたちの気持ちをくみながら決めていきましょう。

5歳児になると体を動かすことがさらに上手になってできることが増え、先を見通すこともできるので、遊びの幅がグンと広がります。事前に目的地の簡単な地図を作り、そこになにがあるか、なにをして遊びたいかなどを話し合いながら保育者が書き込みます。そして「ここの木は思ったより大きかった」「高い所が恐かった」など実際に経験したことをさらに書き加えると、すてきな思い出の地図ができあがります。

5歳児の遠足の例

事前にみんなで話し合い、目的地や、そこでやりたいことを決める
どこに行こうか
土手に行きたい
えーと…
土手で遊ぶんだよね！
いつもと違う遊びで体の使い方や力の加減を覚える
みんなで決めた計画に沿って進めていくことがうれしい年齢

時期や方法を決める

園外保育のスタイル

誰といっしょにどんな方法で行くのかは、時期や目的、園の方針、規模によってさまざまです。子どもたちが楽しめる内容を検討しましょう。

子どもたちにどんな体験をしてほしいか話し合って

遠足の場合は、園の方針などで大体の傾向が決まっていることが多いようですが、年間計画を立てるときにいつ、どのような方法で行くかを決め、時期が近づいてきたら、保護者にも早めに連絡をするようにします。

普段の保育中に行う散歩では、まずその月の活動を決めるときにいつごろ行くかを決め、さらに週の活動を決めるときに、どのクラスが行くのか、日時、場所、目的などを具体的に決めることが多いでしょう。同じ場所に行くとしても、5歳児と4歳児で行く、5歳児だけで行くなど、行く子どもたちの年齢によって体験できることも変わってきます。そのつど保育者間で話し合い、よりよい方法を考えましょう。

遠足

季節ごとの子どもの様子に合わせて目的を考えます

園の行事として、春の遠足、秋の遠足、お別れ遠足などが行われることが多いでしょう。春は、新しい入園児の負担にならないよう、0、1、2歳児は園の周辺を、3歳児は近くで、4、5歳児は少し足を伸ばして自然の豊かな場所に行ったり、動物園など子どもたちが大好きな場所に行ったりすることがあります。

秋は、バスを使って遠出をし、山登りやイモ掘り、動物と触れ合いに行く、秋の自然に触れるなどが考えられます。

お別れ遠足では、子どもたちが思いきり遊べるような場所に行くなど、子どもたちになにを経験してほしいかを常に考えて決めていきます。

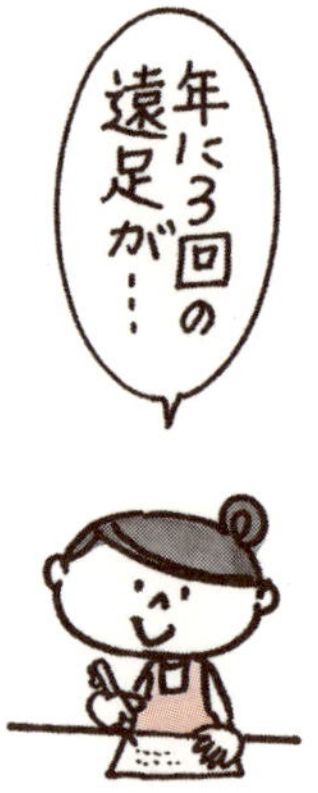
年に3回の遠足が…

近隣での園外保育

子どもたちの様子を見て具体的な内容を決める

今のクラスの子どもたちの様子を見てみましょう。「走ることが好き」「虫や生き物が好き」「先日みんなで見た絵本の中で、車や道路標識に興味をもっていた」などいろいろな姿が見えてくることでしょう。普段の散歩では、具体的な子どもの様子や育ちを見て、その上で季節が感じられるようになども考慮します。そして、具体的にどこへ行ってなにをするのかなど、細かな内容を決めていきます。

その年齢としてのねらいもありますが、担任はそれをふまえながら自分のクラスの子どもに当てはめ、より具体的な内容にしていくことが大切です。

走るのが好きな子たちだから

遠足の参加者

保護者同行

保護者同行なら親子で楽しさを共有できます

保護者といっしょに行く場合は、親子とも安心して遠足を楽しむことができ、楽しさを共有することができます。共通の体験をすることにより、子どもは保護者に見守られながら心おきなく新しい経験のなかへ飛び込んでいくことができます。保護者にとっては、集団の中での自分の子どもの様子や友達とのかかわりなどを見ることができる貴重な経験になります。

保育者は細心の注意と心配りが必要です

「私（保育者）はそんなつもりではなかった」「こんな思いがあったのに」など行き違いがないよう、どのようにしたら保育者側の意向や思いが保護者や子どもに伝わるかを考えましょう。目的地での過ごし方についてはお便りなどで前もってしっかりとわかりやすく伝えることが大切です。

子どもと保育者

集団としての遊びができる機会です

園とは違う場所で保育者と子どもがかかわり、共通の体験をすることで、子どもの意外な一面を発見したり、子どもたちといっしょに考え、気づいたりすることができるでしょう。

保育者は、自分のクラスの子どもだけではなく、「全員で全体も見る」という気持ちで過ごしましょう。いろいろな方向から、いろいろな保育者の思いで見ることにより、その後の保育の視野が広がります。

遠足の交通手段

徒歩

実際に歩いてみて確認しましょう

徒歩での遠足の場合は、周りの環境を見たり、友達や保育者とおしゃべりしたりすることも楽しいでしょう。下見の際には、車ではなく必ず実際に歩いてみることが大切です。道路の広さ、歩道やガードレールがあるか、信号の有無や信号の長さ、周りの環境などもチェックします。

電車

乗車時間は10分を目安に、子どもの行動を予想する

子どもの年齢や電車の状況にもよりますが、3駅くらい、時間にして10分程度の乗車を考えておきましょう。駅の方にも乗車する時間、区間、子どもの人数などを伝えます。混雑する時間帯は避け、一般の方の迷惑にならないよう、事前に子どもたちの行動を予測してスムーズに利用できるように配慮します。

バス

乗車している時間を考え、バスレクなどの準備を

乗車している間、車窓を眺めたり、なぞなぞや歌などで楽しんだりできるバス遠足。バスの中での約束事は、事前に子どもたちに伝えておきましょう。

乗車している時間が20～30分なら、特別なバスレクは必要なく、友達や保育者とおしゃべりをしながら、ワクワクする気持ちだけで十分でしょう。それ以上乗る場合は、はしゃぎすぎず、みんなが楽しめるような内容を考えておきます。

帰りのバスではみんな疲れているので、ささいなことでけんかになったり、なんでもないところで転んだりしがちです。保育者は気を抜くことなくしっかりと見守りましょう。

ねらいをはっきりもつ

遠足の目的、行き先

行き先や目的地までの距離が子どもたちの年齢に合っているか、そこで子どもたちになにを経験してほしいのか、ねらいをおさえておきましょう。

大きな公園、動物園などへ行く

親睦《ぼく》を深める

春の遠足は友達や保護者同士の交流を深める機会

初めて園生活に踏み出した新入園児、あるいはクラスが変わって友達関係も広がりつつある進級児が、交流を深める機会として行われることが多い春の遠足。広場のある大きな公園の自然の中で、自己紹介ゲームやふれあい体操などをして遊び、友達同士、保護者同士の親睦を深めましょう。

また、動物園などの子どもたちが大好きな場所を選択して遠足に行けば、自然に会話もはずみ、和気あいあいとすることでしょう。

ワンポイントアドバイス

保護者にも名札をつけてもらう

保護者同士が知り合うために、名札をつけてもらいます。名前を聞いただけでは忘れてしまうこともありますが、名札があれば確認することができます。

姓の下に子どもの名前を書いておくと、よりわかりやすい。

保護者も遊びに参加する

遊びは親子で楽しめるものにし、保護者にリードしてもらったり、また、保護者だけで行い、子どもが応援するのも楽しいでしょう。保護者のなかには積極的に参加するのが苦手な方もいるので、保護者はみんなが楽しめているか配慮します。

自然観察をする

公園、森林、河原、砂浜などへ行く

自然をより身近に感じ、慈しむために

春や秋など外で過ごすのが気持ちのいい季節の遠足では、自然と触れ合える場所へ出かけてみましょう。

一人ずつ小さな図鑑（月刊絵本の付録などを活用）を持ち、自分で見つけた草花を一生懸命調べる姿は、ちょっと得意気で、子どもたちは博士気分になっているのかもしれません。そうして覚えた草花の名前は、子どもたちの心に深く刻まれ、園庭や道端の草花もいっそう身近に感じられ、慈しむ心が育つことでしょう。

地域によっては近くに河原や砂浜があることもあります。子どもたちの宝物がたくさん見つかる場所ですが、水辺では子どもたちから絶対に目を離さないように細心の注意をはらいましょう。

ワンポイントアドバイス

草花はむやみに取らない

その場所の環境を大切にするため、草花はむやみに取らないように話しましょう。拾った葉っぱや木の実などをビニール袋に入れて持ち帰り、園に帰ってからゆっくりと図鑑で調べたり、製作の材料にしてもいいですね。

一人ひとりの感じ方を受け止める

草花の美しさ、虫の不思議さ、葉の色の変化など自然観察にはいろいろな視点があります。同じ葉でも見つけたその子の発見があります。一人ひとりの感じ方も違うでしょう。その気持ちをしっかりと受け止めることが大切です。

遠足の目的、行き先

見て楽しむ、深く知る

なにを見たいかについて、よく話し合っておきましょう

動物園や博物館は子どもたちが行きたい場所の一つです。5歳児ともなると「詳しく知りたい」「じっくり見たい」など知的欲求も出てくるので、そうした欲求にも応えられる内容にしましょう。のんびりと見て回るのもいいのですが、広い場所だと半分くらいしか見ていないのに帰る時間になってしまうこともあります。

そこへ行ってなにを見たいのか、なぜ見たいのかを事前によく話し合い、目的をある程度しぼっておくことが必要です。絵を描いたり、製作したり、ごっこ遊びをしたりなど遠足が終わってからの活動によっても、見学の仕方が違ってくるでしょう。どうしても見たいもの、余裕があれば見るものなどに分け、効率よく回れるようにしておきます。

動物園、博物館などへ行く

ワンポイントアドバイス

ルールを守って見学することを約束しておく

動物園、博物館ではそれぞれマナーがあります。勝手にえさをやらない、さくをのぼらない、ケースをたたかないなど、見学中の約束事は前もってしっかり話し合っておきましょう。動物と触れ合える場所など体験できる場所では、係の人の指示に従うことも伝えます。

初めて見たり触ったりした感動を大事にする

初めて見たり触ったりしたときの気持ち、想像していたことやあらかじめもっていた知識と実物を見て感じたことのギャップなどは、このタイプの遠足ならではの体験です。そのときの感動を保育者も大切に受け止めましょう。

体験する

イモ掘り、果物狩りなどをする

自分で収穫する喜びや実際の感動を大切に

自然を自分の目で見て、手で触れて、肌で感じる貴重な体験です。お店の色鮮やかなサツマイモや、形よく並んでいる果物とはまるで違う自然の姿。土を掘っても掘ってもなかなか掘り出せないイモが抜けたときの喜び、果物を落とさないように緊張しながらもいだときの香り。それらは保護者といっしょに行く買い物では感じることができません。畑の様子、木の枝ぶり、そこにいる虫など、子どもたちなりの視線で見えるものは、とても多いのです。

ワンポイントアドバイス

汚れてもいい服装など思う存分動ける用意をする

汚れてもいい服装、長靴、収穫したものを入れる袋などの準備をし、現地では汚れることを気にせず思いきり活動できるようにしましょう。畑の管理者から注意事項を話してもらい、約束を守りながら行います。土に触るのが苦手な子には、保育者がすぐに掘り出せる状態にして、抜けたときの実感を味わえるようにするなどの援助をします。

周囲の環境にも目を向ける

目的のイモや果物だけでなく、周囲に植えてあるものはなにか、また虫やモグラの穴などにも気づくように言葉かけをします。

園生活最後の園外保育

お別れ遠足に行く

卒園する5歳児最後の園外保育となります

1～3月の間に5歳児が行くお別れ遠足。5歳児にとっては楽しかった園生活を思い起こしながら、自分の成長を実感する遠足になるでしょう。5歳児だけで行くこともあれば、親子で行ったり、3、4歳児もいっしょに行ったりするなど、園によっていろいろなパターンがあります。いずれにしても5歳児は最後の園外保育となることが多いでしょう。思いきり遊んで楽しい一日にしましょう。

異年齢同行の場合には、3歳、4歳児にとってはこれまで5歳児がやってくれたことを思い起こし、あこがれの気持ちをさらに高めるとともに、今度は自分たちが年長になるんだという思いを強くする遠足にしたいものです。異年齢でのかかわりを大切に、みんなが楽しめるような内容を計画しましょう。

ワンポイントアドバイス

在園児もいっしょならお互いの成長が感じられます

バスで行くなら、これまでよくうたった歌をうたったり、印象に残っている出来事を話したりして、一年を振り返るような過ごし方ができるでしょう。

徒歩なら、異年齢で手をつないで歩き、大きい子が小さい子を気づかうなどの姿も見られます。お弁当も異年齢のグループで食べるなどして交流を深めましょう。

みんなでいっしょに遊び込みましょう

最後の園外保育なので、子どもたちの心に残るようなダイナミックな遊びや、保育者もいっしょにできる遊びをして過ごすのもいいですね。みんなで大きな輪になってお弁当を食べるなど、ちょっとしたアイデアで印象深い遠足になるでしょう。

遠足前後の活動例

遠足の前の下調べや、なにをして遊ぶかを考えるのはワクワクする活動です。帰ってきてから、楽しかった思い出を表現するのも盛り上がりますね。どちらも、子どもたちの思いを生かすことを心がけましょう。

遠足前の活動

見るもの、体験することについて話し合う

動物園に行くなら、図鑑などを見て、見たい動物や不思議に思うことなどを話し合っておきます。現地の人にガイドしてもらえる場合や質問できる場合は、聞きたいことを考えておきましょう。

現地でしたいことを話し合う

広い場所へ行くなら、そこでどんな遊びをしたいか、それにはなにが必要かみんなで話し合ってみましょう。いろいろな約束事についても伝えておきます。

遠足後の活動

思い出を形にしてみる

経験を思い出して体で表現したり、粘土や空き箱で表現したりしましょう。一人ひとりの作品を集めて大きな展示をしてもいいですね。

実物を見ての感想を話し合う

見てきたこと、体験したことのなかで、印象に残っていることや気に入ったことを話し合ってみましょう。

お話（21ページ）／岡本洋子　イラスト／いとうみき

ねらいを
はっきりもつ

近隣での園外保育の目的、行き先

普段の保育での園外保育。園の周囲を一周するだけでも、その道のりや環境に刺激されることがたくさんあります。

子どもは外で遊ぶのが大好き。準備をしっかりして安全に

園の近隣での園外保育は、子どもたちの気分転換になるばかりでなく、自然との触れ合いや体力づくり、また交通マナーや社会的マナーを学んだり、地域の人との触れ合いなどを経験したりするよい機会です。園の状況によっては、雨でない限り毎日園外で遊ぶこともあるでしょう。園外で得られる体験を大切にしたいものです。

また、外でのびのびと遊ぶ楽しさを知るとともに、行き帰りの安全や、現地で安心して遊ぶために守ってほしいことを伝える機会でもあります。保育者も事前の準備をしっかりして、緊張感をもって過ごすことを忘れないようにしましょう。

行く？　行かない？
チェックポイント

出かける前には子どもの体調や天候など、注意点がいくつかあります。迷ったときは園長や先輩保育者に相談しましょう。

- □ **子どもたちの体調はいいか**
- □ **出かけるのに向く天候か**
  雨や雪が降りそう、暑すぎる、寒すぎる、強風などの心配がないか。
- □ **引率の保育者の人数は十分か**
  なにかあったときのために必ず複数の保育者で行く。
- □ **時間的な余裕があるか**
- □ **どこでなにをするか確認する**
  下見をしてある場所へ行くのであっても、天候や往復路の事情によっては場所や遊びの内容を変更する。

のびのび遊ぶ……公園で遊ぶ

年齢に応じて遊具で遊んだり、広い場所があるならおにごっこのような遊びで体を動かしたりすることができます。現地には自分たちの園以外の子どももいるので、配慮が必要です。

保育者は全体を見渡せる場所から子どもたちを見守る
行き帰りは歩き方や交通ルールも伝える
ときどき子どもの人数を確認する

公園到着時、出発時、遊んでいる間も人数の確認を怠らないようにしましょう。

見て楽しむ……電車などを見に行く

子どもたちは乗り物を見に行くことが大好きです。見に行く前に、絵本や図鑑などで興味や期待をもっておくと、実際に見たときの感じ方が違ってくるでしょう。

フェンスやガードレールに足をかけたり、身を乗り出したりしないように注意
やまのてせんだ！
フェンスにのぼらないでね
保育者も乗り物に注目しすぎて、周囲の安全確認を怠ることのないようにする
見ている乗り物といっしょに走り出すこともあるので気をつける

近隣での園外保育の目的、行き先

地域との交流①
商店街を歩く

商店街を見て歩くことで、身近な地域の様子に関心、興味、あこがれをもち、園生活や遊びに取り入れるなどに発展していくこともあります。お店の人にあいさつしたり、声をかけてもらったりすることはお互いにうれしい経験になるでしょう。

時間帯によって交通状況などが変わるので注意する

まずは保育者がお店の人に声をかける（ただし、お店の状況をよく見てから）

買い物をする人のじゃまにならないように気をつける

車、トラック、自転車、歩行者などに十分注意する

地域との交流②
公共施設へ行く

お年寄りの集まる福祉施設や図書館など、公共施設を利用するのもいいですね。この場合は、あらかじめ施設の人と打ち合わせをしておくことがポイントです。施設の方や利用者と気持ちよく過ごせるように配慮しましょう。

お年寄りと触れ合う場合

いっしょにうたえる歌や、手遊びなどを用意

事前に施設の人と打ち合わせをする

行ける時間帯、子どもの人数、そこでなにをしたいか、場所の広さ、トイレの確認、入ってはいけない場所など、細かく打ち合わせておきましょう。

図書館に行く場合

お話会などに参加させてもらえるか

part 2

準備編

当日までにしておくこと

園外保育をスムーズに行うためには、
念入りな準備が欠かせません。下見、持ち物、安全対策など
当日までにしておくことがたくさんあります。

安全、安心のために

下見をする

楽しい園外保育のためにはしっかりした下見が欠かせません。十分すぎるくらいの準備があってこそ、安心して過ごすことができます。

いろいろな出来事を想定しながら下見しましょう

心躍る園外保育。園の外に出るだけでも楽しいものです。でも、園の外に出ることはそれだけで危険が伴うことも忘れてはなりません。では、危険な場所の確認、どうすれば危険を避けられるか、もし事故や災害が起こったときにはどうするかなど、いろいろなことを予想することが大切です。子どもの歩き方や子どものとる行動を予想しながら歩いてみましょう。「広いから走るだろうな」「保護者がいっしょだからいつもより早いペースで歩くかも」「ここに隠れられたら見えない」など、細かくチェックしましょう。

経験豊富な保育者と、初めて行く保育者がペアになれば、経験と新鮮な視点の両面から見られるでしょう。

ワンポイントアドバイス

現地の管理者からも、過去の出来事を聞いてみましょう

危機管理教育研究所・危機管理アドバイザー　国崎信江

安全で楽しい遠足のためには準備がすべてです。保育者は子どもたちの命を守るのだということをしっかりと自覚し、下見では想像力を働かせていろいろな出来事をシミュレーションしましょう。そして、そのときはどうすればいいか、そうならないためにどうすればいいかを考えます。

現地を管理している人がいる場合は、その人に話を聞くのもいい方法です。迷子になりやすい場所、過去に起こった事故、子どもがついやってしまうことなどについて聞いておき、対策を準備しておきましょう。

下見に持って行く物

地図やパンフレット
見ながら下見し、細かいところをチェックする。園に帰ってからも説明しやすい。

筆記用具
さまざまなチェック事項をメモする。

時計
移動にどのくらいの時間がかかるかなどをチェックする。

デジタルカメラ
園に帰ってから説明するときに便利。

下見のチェックポイント

子どもたちの動きを想像し、
園の計画に沿って下見をしましょう。

□トイレの確認
- □場所と数
- □男子トイレ…大便器は和式か洋式か
- □女子トイレ…和式か洋式か
- □洗面所の高さ
- □トイレ周辺に段差はないか、ぬかるみや水たまりになりそうなところはないか

□休憩できる場所、お弁当を食べる場所、荷物を置く場所の確認
- □日陰になる場所か
- □シートを敷ける場所か

□急な雨のときはどうするか

□危険な場所の確認
- □不審者が隠れそうな場所はどこか（木が茂っているところ、見通しの悪いところ、トイレのそばなど）
- □子どもが触りそうなもの、入ってみたくなるところはどこか
- □子どもが思わず走り出しそうなところはどこか

□全体の様子

□周辺の環境、交通量

□その日の現地の様子（混んでいた、すいていた、親子連れが多いなど）

□徒歩の場合のルートの確認

□緊急時の連絡方法の確認
- □公衆電話や管理事務所の場所
- □携帯電話の電波状況
- □大地震発生時の連絡手段（災害用伝言ダイヤル171の活用など）

目的・状況に合わせて

持ち物の準備

参加者や行く場所、年齢によって持ち物の内容は違ってきます。子ども、保護者、保育者それぞれの持ち物をリストアップしましょう。

行き先や目的に合わせて持ち物を決め、確認する

子どもたちは自分のリュックサックに荷物を入れて出かけることをとても楽しみにしています。とはいえ、あれもこれも入れては重くなってしまいます。自分のお弁当、水筒、おやつを基本に考え、そのほか必要な物は親子遠足なら保護者に持ってもらい、子どもたちだけなら最小限必要な物を入れて行きます。

保育者の持ち物は、普段の散歩などでも使う園外保育に必要な基本的な持ち物のほか、そのときの行き先や目的に合わせて必要な物を用意します。遠足では思わぬ所で衣服をぬらしてしまうことがあるので、着替えは余裕をもって準備しましょう。

子どもの持ち物・服装

動きやすく、脱ぎ着が必要なときのために着脱しやすい服装と、履き慣れた靴。帽子のゴムがゆるんでいるものは直しておいてもらいます。

- お弁当
- 水筒
（首からかけると危険なこともあるので、ひもははずしてリュックサックの中に入れる）
- おやつ
（ガムやキャンディーなどは、のどをつまらせることがあるので避ける）
- シート（子どもたちだけで行くときは、一人用の小さなサイズのものを）
- おしぼり
- ポリ袋
（ごみを入れたり、草花や木の実などを入れる）
- ポケットにハンカチ、ティッシュ

保護者の持ち物

- お弁当、水筒、親子が座るシート、行く場所や年齢によっては子どもの着替えや、紙おむつなど。

保育者の持ち物

・当日のスケジュール表
・地図や目的地のパンフレット
・携帯電話
（個人用のものでもいいので、一人ひとり持ち、お互いに番号を知らせ合っておく）
・タオル、ティッシュ、ウェットティッシュ
・最小限の救急セット
（ばんそうこう、消毒液、脱脂綿、体温計、冷却シート、湿布薬など）
・筆記用具
・名簿

保育者も動きやすい服装、履きなれた靴で。子どもは保育者を知っていますが、保護者（とくに母親以外の人の場合）や外部の人にもわかるように名札を首にかけたり、腕章を巻いたり、そろいのバンダナなどで保育者の目印にしてもいいでしょう。

保育者が分担して持つ物

・大きな救急セット
（消毒液、ばんそうこう、包帯、虫さされ用の薬、脱脂綿、体温計、とげ抜き、はさみ、綿棒、湿布薬、冷却シートなど）

・シート
・子どもの着替え、紙おむつ

・カメラ
・クラスの旗

遠足がより楽しくなる

昼食のくふう

遠足ではお弁当を食べることも大きな楽しみの一つです。笑顔で食べられるよう、保護者への連絡から当日までの準備を整えましょう。

お弁当づくりの準備

実物大の絵で示しておくと保護者に伝わりやすくなります

普段は給食の園の場合、子どもはお弁当を食べることに慣れていませんし、遠足で初めてお弁当を作ることになる保護者もいます。「お子さんに合った量を」と言っても、どのくらい食べられるのか見当がつかないかもしれません。そこで、お便りに実物大のお弁当の絵を描き、おにぎりならこれくらいの大きさ、おかずはこれくらいと示すとわかりやすいでしょう。お弁当箱にごはんを詰めるタイプより、おにぎりやサンドイッチのほうが食べやすいなどのコメントも添えておくのもヒントになります。子どもが無理なく食べられるお弁当を用意してもらいましょう。

食べやすいお弁当例

もうすぐ待ちに待った遠足です。お弁当作り、よろしくお願いします。○○組の子どもたちが食べきれそうな量は大体これくらいです。〈実物大〉

おにぎりの大きさの目安を示す
おかずの例も描いておく
実物大のお弁当箱の絵

ワンポイントアドバイス

作ってくれた保護者へ声をかけましょう

早起きしてお弁当を作ってくれた、保護者一人ひとりの気持ちを受け止めることも大切です。「きょうはお弁当作り、ありがとうございました。○○ちゃん、うれしそうにから揚げを見せてくれ、おいしそうに食べていましたよ」と帰りにひと言伝えたり、「とてもおいしそうな○○でしたね。朝の忙しいときにどうやって作るのですか？」と声をかけたりしてもいいでしょう。保護者が協力してくれたことへの感謝を伝えることがなによりです。

お弁当ありがとうございました

お話（30ページ）／岐阜保育実践研究会

お弁当を食べるとき

楽しい気持ちで食べられるように声をかけましょう

楽しいお弁当の時間は、おいしく食べると同時にお弁当を作ってくれた人への感謝の気持ちも大事にしたいものです。「○○くん、お母さんが作ってくれたお弁当、栄養たっぷりでおいしいでしょう」「『○○ちゃんに、おいしく食べてほしいな』という気持ちがつまっているわね」などと声をかけるといいですね。

園外でみんなといっしょにお弁当を食べるのはとても心地のよいことです。普段とは違った場所で食べていると、園で見せる様子とはちょっと違う子どもの姿を目にすることもあります。お行儀よく食べていたら「えらいね」とほめ、緊張気味なら「おいしいね」とリラックスさせるような言葉かけをしていきましょう。園外での活動は、子どもたちの意外な一面を発見できる機会でもあります。

お弁当を食べるときのポイント

できるだけ子どもが準備する

シートを敷いたり、リュックサックからお弁当箱を出したりする準備は、できる子もいればできない子もいます。できないところは保育者が手を貸しながら、準備も楽しくしましょう。

片づけは保育者が全体の様子を見ながら

食べ終わる時間は普段以上にまちまちです。全員が食べ終わるまでは待てないので、食べ終わった子に保育者がかかわりながら、順に片づけましょう。

出たごみは持ち帰る

お弁当やおやつを食べたあとのごみは、自分で持ってきたポリ袋に入れて持ち帰ります。

保護者への
案内状

事前連絡をする

いつ、どこへ行くという遠足のお知らせは、わかりやすく確実に伝えることがなによりです。間違いのないように気をつけましょう。

お知らせはわかりやすくまとめましょう

遠足では保護者に用意してもらう物も多いため、なにをいつまでにどうすればいいのかをわかりやすくまとめることがポイントです。集合時間と場所、持ち物、注意事項、遠足にかかる費用などどれも重要なことばかりです。各項目を目立たせ、文字の太さや大きさなどに変化をつけ、見やすく作りましょう。

保護者の準備もあるので、詳しい案内状は遠足の1か月前から遅くても2週間前までには配布するようにしましょう。

日時、場所など

目立つよう、最初に明記する

いつ、どこに、誰と行くのか、集合時間と集合する場所はどこかも、併せて記します。園に集合か、現地に集合かなど保護者が迷わないようにわかりやすく書いておきます。また、雨天のときはどうするのかについても記しておきましょう。

持ち物、服装

イラストなど添えて具体的に

保育者の伝えたいことと、保護者に伝わったことにズレが生じないよう、持ち物や服装についてはどういう物を持ってきてほしいのか、具体的に書きます。イラストを添えるとわかりやすいでしょう。

注意事項、その他

細かいけれど大切な連絡

車酔いのことや当日欠席するときの連絡方法、体調管理のことなど細かな連絡事項を記します。当日の一日の流れなども書いておくと、保護者もどんな遠足かがイメージできます。また、費用がかかる場合もきちんとお知らせしておきましょう。

遠足の案内状の例

○○組保護者様

チャイルド幼稚園

親子遠足のお知らせ

緑の美しい季節となりました。子どもたちも園生活に慣れ、楽しく過ごしています。
さて、下記のように親子バス遠足を計画いたしましたので、お知らせいたします。

日時：5月20日(水)　8時30分までに登園してください。
＊ 9時にはバスが出発する予定です。
＊ 欠席される方は、8時までに園に連絡してください。

場所：子ども動物園（○○市）
（入園料：子どもは無料　　大人1名200円）
＊ 小動物と触れ合うなどして楽しく過ごします。
＊ 雨天の場合は隣接の児童ホールでプラネタリウムや科学体験を予定しています。

持ち物：通園用のリュックサックに入れてください。
○ お弁当
○ 水筒（ひもをはずしてリュックサックに入れます）
○ おしぼり
○ ビニール袋（ごみは各自持ち帰りです）
○ 敷き物
○ ハンカチ、ティッシュ（服のポケットに入れます）

服装：動きやすい服装、履きなれた靴

重要事項をわかりやすく

日時や集合場所、持ち物などの必須事項を記す。項目の抜けがないよう、気をつける。

具体的な内容を書き添える

なぜ必要なのかや、どのようにして持ってきてほしいかなども書いておくと保護者に伝わりやすい。

親子遠足　一日の流れ
子ども動物園

9：00	園出発
9：50	子ども動物園到着
10：00	記念撮影 園内見学
11：30	昼食 自由行動
14：00	集合
14：20	子ども動物園出発
15：10	園到着、解散

お願い
★車に酔いやすいお子さんは、事前に担任までお知らせください。
★帽子、名札は園でつけます。
★前日は早めに寝て十分な睡眠をとりましょう。
★朝、排便を済ませましょう。

予定を知らせる

当日予定しているスケジュールを伝えておくと、保護者も安心。

前日のことなど

小さなことだが、知らせておきたい事柄をまとめる。

安全への心構え

行き帰りの安全対策

徒歩、バス、電車、いずれの場合もいろいろな危険がつきものです。日ごろから対策を話し合い、子どもたちを守る意識をもちましょう。

徒歩の場合

交通ルールは子どもたちに繰り返し伝えましょう

幼児の交通事故の原因は、飛び出しが一番多いといわれています。子どもたちも「飛び出したら危ない」ことは頭ではわかっているのですが、つい、興味のあるほうにつられて列からはみ出したり、飛び出したりしてしまうのです。そこで、普段の保育では絵本や紙芝居などで交通ルールについての具体的な例を伝えましょう。出かける前には「歩くときは手をつないで」などの確認をし、歩きながら「青信号だから渡れるね」などのルールを伝えます。耳から聞いたことを、実際に見たり体験したりしながら、少しずつ交通ルールを身につけていけるようにしましょう。

歩き方の基本

先頭の保育者

前方に注意しながら、列が長くなりすぎないように歩くスピードを調整します。前方から自転車が来たら「自転車が来るよ、端に寄ってね」などと声をかけましょう。

子どもたち

友達や保育者と手をつないで歩くことにより、動きが制限されるので、急な飛び出しがある程度防げます。

真ん中の保育者

子どもがふざけていたり立ち止まったりしているのに気をつけます。横断歩道を渡るときには真ん中で立ち止まり、両手を広げて子どもたちを速やかに渡らせましょう。

後方の保育者

後方の安全確認をし、列全体を見ます。はみ出す子がいないか、遅れがちな子どもはいないか気をつけ、声をかけるなどします。

歩き方チェックポイント

出かける前、歩くときに気をつけることを確認しておきましょう。

- □歩くルートを下見しておく

  歩き慣れたルートでも道路工事や建設工事が始まっていることがあるので、こまめにチェックする。

- □普段から交通ルールを伝える

  絵本や紙芝居で交通ルールを伝えたり、出かける前に「青信号がついたり消えたりしていたらどうすればいいかな？」などと話し合ったりする。

- □子どもは手をつないで歩く

  子ども同士二人組になって手をつなぐか、保育者とつないで歩くことが基本。その日の子どもたちの様子を見て、気持ちが不安定だったり、いつもより落ち着きがなかったりの子は保育者と手をつなぐなど配慮する。

- □保育者は先頭、真ん中、後方につき、車道側を歩く

  それぞれの位置でするべきことを認識し、実践する。子どもたちと楽しく歩きながらも、周囲の状況をきちんと把握する。

- □歩道のないところでは右側通行を

  ガードレールがない場合は右側通行が基本。歩道が左側にだけある場合はその歩道を歩く。

- □道路を横断するときは速やかに

  信号が変わりそうなときは次の信号まで待ち、子どもたちを必要以上にせかさないようにする。

- □自転車や歩行者に注意する

  前や後ろから自転車や歩行者が来たら端に寄り、「お先にどうぞ」と道を譲るゆとり、思いやりも大切。

- □時間に余裕をもって出かける

  「もうすぐ昼食の時間……」などと焦る気持ちがあると十分な配慮ができない。時間には余裕をもって行動する。

バスの場合

事前の約束をしっかりし、車酔い、トイレ対策をします

バス遠足ではあらかじめ「席を立たない」「窓から手や顔を出さない」「気分が悪いときは保育者に言う」ことを約束しておきます。事前に保護者から車酔いについて聞いておき、対応について相談します。車酔いしやすい子には、前方の保育者の近くにしたり、笑顔で話しかけたり、少し窓を開けるなどの配慮をしましょう。

また、乗る前には必ずトイレを済ませますが、万が一がまんできないときのためにバケツ、雑巾、ビニール袋、着替え、あればドライブ用の携帯トイレなども用意しておくと安心です。

全員が席についたら運転手さんの名前を子どもたちに知らせ、「ふざけたり大きな声を出したりせずに、○○さんが気持ちよく安全運転できるようにしましょうね」と話をします。

バスの中での約束

気分が悪くなったら知らせる

気持ちが悪くなったり、トイレに行きたくなったりしたときはすぐに保育者に伝えるようにします。

窓から顔や手を出さない

勝手に窓を開けない。窓を開けた場合は危険なので絶対に顔や手を出してはいけません。

座ったら席を立たない

バスが走っているときは、いすの上や通路に立たないことを約束します。

車酔い対策のいろいろ

●環境
少し窓を開けて風を入れるなど（手や顔を出さないように注意）。休憩時間があれば外に出て気分転換を。

●衣服
上着を脱ぐ、ボタンをはずすなどして首や胴をゆったりさせます。

●座席
仲のいい友達の隣や保育者のそばに座るなどして楽しくおしゃべりできる位置に。真ん中より前の席。

●乗る前
睡眠は十分にとり、朝食は消化のよいメニューを乗車の30～40分前に済ませておいてもらいます。

電車の場合

公共の乗り物利用時のマナーや安全についてしっかり伝える

公共の乗り物であり、大勢の人が利用する電車に乗る前には、事前に子どもたちと状況やマナーについてよく話し合っておくことが必要です。例えば、子どもたちに「電車に乗っている人はどんな人かな？　どこに行くと思う？」と聞き、意見をひろいます。そしてお父さん、お母さんのような人、お年寄り、赤ちゃん連れの親子などいろいろな人がいろいろな目的で乗っていることを伝えます。その上で、ほかの人に迷惑をかけないこと、マナーや安全のことについてしっかり伝えましょう。

　プラットホームは人が多く、危険な場所です。待つときは黄色い線の外側へ出ない、走らないことを約束します。乗るときは複数のドアからすばやく乗り、車内では手すりにつかまるなど、約束をはっきりと知らせ、守ろうという意識を高めます。

電車に乗るときの約束

プラットホームでは

走らない、端を歩かない、勝手に歩かないこと。保育者の声や電車の音が聞こえるように、おしゃべりはしないで待ちます。

階段では

手をつないでいると2人いっしょに転んでしまうことがあるので、階段では手を離して歩きます。急に立ち止まらないように気をつけましょう。

乗車中

立つ場合は手すりにつかまります。開くドアのそばには立たないようにし、大きな声を出さないことを伝えます。降りる駅が近づいてきたら声をかけましょう。

乗るとき、降りるとき

1つのドアにつき保育者が1人つき、保育者が手を添えながらすばやく「大きな1歩」で乗ります。全員乗ったら保育者はすぐに人数確認をします。降りたら電車から離れて再度人数確認をしましょう。

安全への心構え

目的地の安全対策

目的地に到着したら、そこでも保育者は子どもたちの安全のためにさまざまな注意を払わなければなりません。保育者間での打ち合わせをしっかりしておきましょう。

責任感をもち、事故を未然に防ぐ気配りを忘れずに

楽しい園外保育は、事前の準備やもしものときにどうするかといった対策を十分にしてこそ成り立ちます。保育者は、子どもの大切な命を預かっていることを自覚し、事故を防ぐための気配りを怠らないようにしましょう。そのためには、付き添いの保育者の数を十分に確保し、子どもたちの動きから目を離さない、こまめな人数確認などが保育者の基本の行動となります。

担任は自分のクラスの子どもを中心に見守り、そのほかの保育者は全体を見たり、危険な場所を確認したり、友達から離れがちな子どもに気をつけるなど、それぞれの役割分担を決め、するべきことをしっかりと認識しましょう。

保育者の心がけ

トイレに行くときの役割

子どもがトイレに行くときは、連れて行く保育者と、トイレに行かない子や済ませた子を見ている保育者が必要です。

子どもたちの動きにあわせる

広場などで自由に遊ぶときは保育者もあちこちに散らばり、子どもに目が届くようにします。

定期的に人数確認を

帽子に目印をつけたり、「男子は私、女子はあなた」と分担したりすると、すばやく数えられます。

もしも迷子になったら

残って子どもたちを見る保育者を決め、動ける保育者が探します。現地に管理事務所や迷子センターがあれば連絡します。最終手段は110番通報。保育者は携帯電話で連絡を取り合い、見つかったら速やかに連絡し合います。

子どもたちに伝えること

トイレには一人で行かない

「トイレに行くときは先生に言ってね」と伝え、トイレには必ず保育者（または保護者）と行くようにします。

保育者の顔が見える範囲で遊ぶ

「先生の顔が見えるところで遊ぼうね」と伝え、保育者の姿が見える範囲を意識できるようにします。１人で行動しないことも話しましょう。

元気にあいさつをする

「係の人やほかの人にも元気にあいさつしましょう」と伝えます。周りの人に声をかけることは不審者対策にもなります。

保護者に伝えること

迷子にならないようにする

園児だけでなく、弟や妹など小さい子がいる場合は特にその子から目を離さないように伝えましょう。

集合時間を守る

帰りの集合時間は確実に伝え、守ってもらえるようにお願いします。また、帰る前にはトイレを済ませておいてもらいましょう。

安全への心構え

不審者対策

園外保育で欠かせないのが、不審者への具体的な対策です。まずはその必要性を保育者一人ひとりが認識し、自分たちでできることから始めましょう。

年々増える子どもを狙った犯罪に危機感をもちましょう

子どもが犯罪の被害にあう事件が多発している現在、保育者は今まで以上に気を引き締めて子どもたちを守らなければなりません。とくに園外保育中は不審者や危険にあう確率が高くなることを認識し、こんなときはどうするかということをよく話し合っておきましょう。いざというときは、そのマニュアルをみんなが実行することで、危険を回避したり被害を最小限に抑えたりすることができます。

子どもたちにもこんなときはどうするのかという約束事を伝えますが、園外保育では気持ちが高ぶっています。保育者はそれを考慮しながら言葉をかけたり、ルールを決めたりしましょう。

保育者の実践例を紹介します

（不審者対策でしていること）

- 子どもたちのあとをついてくる人がいたら「保護者の方ですか？」と声をかけます。
- 子どもに話しかけている人がいたらすぐに保育者もその場に行き、「こんにちは」とあいさつをします。
- 目が合った人には誰でも軽く会釈し、こちらが気づいていることを相手に伝えます。
- 男性保育者や職員が全体を見て、不審な人には「騒がしくてご迷惑をおかけします。申し訳ありません」とていねいに言い、様子を見ます。
- 不審者らしき人を見かけたら、保育者全員に伝えて警戒します。
- 名札はつけますが、名前ではなく園名が書いてあるほうが見えるようにします。
- トイレや木の茂っているところなどは、特に注意しています。
- 保育者全員が携帯電話、携帯催涙スプレー、防犯ブザーを持っています。
- 近くの公園に行くときは最寄りの交番に連絡し、「○時ごろ○名が○○○へ行きます」と伝え、パトロールを依頼します。

監修（36～40ページ）／国崎信江

ワンポイントアドバイス

保育中の子どもたちを守るのは保育者です。子どもたちから目を離さず、常に見守りましょう

危機管理教育研究所・危機管理アドバイザー　国崎信江

遠足で行くような、人が大勢集まる場所には、不審者は近づきやすいもの。人ごみに紛れて子どもたちに話しかけたり、写真を撮っていたりすることがあります。不審者は声をかけられることを嫌いますから、子どもに声をかけている人に気がついたら、保育者は「こんにちは」とあいさつをしたり、「なにかご用ですか」と話しかけたりしましょう。お年寄りが親しみを込めて「どこから来たの」などと声をかけてくれる場合もあるので、とりあえずそばに行ってあいさつをするといいでしょう。

子どもを狙った犯罪の多くは、子どもが一人になったときに発生しています。園外保育では広い場所で遊ぶことも多いでしょう。保育者の視界から外れない範囲で遊ぶことやかくれんぼはしないこと、トイレへは保育者（または保護者）と行くことを子どもたちに伝えます。保育者も子どもから絶対に目を離さないようにしましょう。

できれば園で防犯（防災も含む）マニュアルを作り、必要な携行品や必要な行動について全員が共通認識をもつことも大切です。

なにかあったときに役立つグッズ

子どもに注意を促したり、避難誘導をしたり、周囲の人に異常を知らせることができる物です。必要に応じて準備しましょう。

笛

メガホン

携帯電話

防犯ブザー

過ごし方をくふうする

雨天時の対応

楽しみにしていた遠足の当日が雨だったら……。残念なことですが、そのときに行う内容も準備しておかなくてはなりません。いろいろな過ごし方を紹介します。

行き先を変更したりレクリエーションをしたり

遠足の日が雨の場合、さまざまな対応が考えられます。観光バスを予約している場合はキャンセルができないことが多いため、行き先を変更して屋内で楽しめる場所を考えておかなければなりません。徒歩、電車の場合はその日の予定はそのまま延期して、当日は遠足ごっこをしたり、近くの公共施設でレクリエーションをしたり、通常保育をしたりすることもあります。ワクワクしながらこの日を待っていた子どもたちの気持ちに、少しでも応えられるようなスケジュールにできるといいですね。

雨の日の過ごし方、持ち物について保護者にも連絡しておきましょう。

屋内で遊べる場所へ行く

プラネタリウム、水族館、博物館などへ行く

行き先を変更する場合は、先方の施設にあらかじめ雨のときに行くことを伝えておきます。そこではどんなことができるのか、なにをして過ごすかなども前もって下調べしておきましょう。

延期して通常保育をする

園でいつものように過ごす

徒歩で近隣の公園に行くなどの場合は、単純に延期することもあります。その日は園でいつものように遊ぶだけでなく、お弁当だけは遠足気分でホールにシートを敷いて食べても楽しいですね。

遠足ごっこをする①

園内散歩をする

園内を探検しながらスタンプラリーをしたり、ホールに運動用具を置いてサーキットのようにしたりして遊びます。体を動かして遊んだあとはみんなで輪になってお弁当を食べ、遠足気分です。次の遠足の日にちが決まったら「ここでニュースです！」と保育者が伝えても楽しいでしょう。

遠足ごっこをする②

バスツアーをする

園バスでの遠足を予定していた場合にできるアイデアです。保育者がバスガイド役になり、「右側を見てください、電車が通ります」「○○スーパーが見えてきました。行ったことありますか」「○○ちゃんの家の近くを通っています」などと話しながら、30分くらい園バスでドライブします。歌をうたったり、なぞなぞをしたりして楽しく過ごしましょう。

公共施設を利用する

体育館でミニ運動会をする

地域の体育館を借り、かけっこやリレー、おにごっこなど道具を使わなくてもできる運動をして遊びます。「はないちもんめ」などみんなでできる遊びも楽しいですね。体育館でお弁当を食べ、帰ってきます。

遠足への期待

しおりを作る

遠足気分を盛り上げるとともに、保護者への案内にもなる遠足のしおり。色紙を使って形もひとくふうし、かわいらしく仕上げましょう。

バスのしおり

バス遠足にぴったりのデザインです。窓を切り抜いて動物たちの顔を見せましょう。開いたときの絵柄は行き先をイメージして自由に作ります。

はるのえんそく
さくらがおかこうえん

作り方

切り取る
はるのえんそく

①画用紙を絵のように切り、窓を切り取る。内側に絵や文字をかく。

はる
リボンをはる
はるのえんそく

② 2つ折りにしてタイトルをはり、裏にリボンをはる。

●もちもの　おべんとう・すいとう・しきもの・おやつ
おしぼり・タオル・ティッシュ
わすれもののないようにじゅんびしましょう。
カラーぼうしをかぶっていきます。
5がつ9か（すいようび）（あめのときは10か）
さくらがおかこうえんにいきます
あさ9じにえんていしゅごう
クラスごとにならびましょう
9じ30ぷんバスでしゅっぱつ

型紙は101ページ

ヒヨコの旗

バスガイドさんの旗のイメージです。ヒヨコの部分はクラスのマークに変えてもいいですね。目立つような配色を考えましょう。

型紙は102ページ

作り方

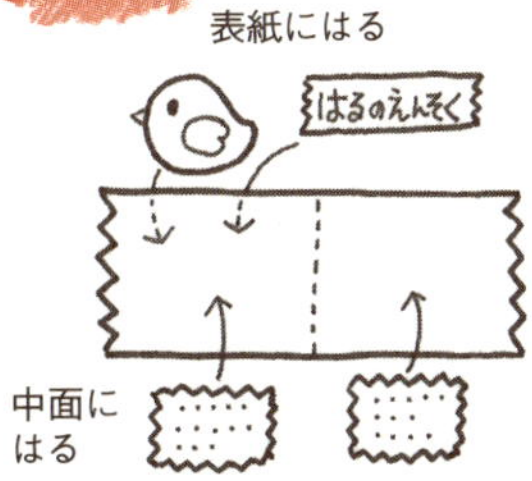

① 色画用紙を絵のように切り、内側に文字を書いた紙をはる。2つ折りにして表紙にヒヨコやタイトルをはる。

② 裏面に、割りばしを先が出るようにはり、ビニールテープで飾る。割りばしの先に丸めたアルミ箔とスズランテープをつける。

イヌのうちわ

大きなイヌがニコニコ！　顔部分は厚紙なのでうちわのようにも使えます。口を開いたところにはスケジュールなどを書いておきましょう。

型紙は102ページ

作り方

① 厚紙と色画用紙を絵のように切り、顔の裏面に割りばしをはる。

② 表面に顔と口をはる（顔と耳は描いてもよい）。

ウサギのポシェット

ポシェットの中の食べ物の裏に連絡事項などが書いてあります。「リンゴを出してください」などと言って、保護者に読んでもらいましょう。

はるの
えんそく

連絡事項を
裏に書きます
●5がつ9か（すいようび）
（あめのときは10か）
●さくらこうえんに いきます
●あさ9じに えんていしゅごう
クラスごとに ならびましょう
●9じ30ぷん バスで
しゅっぱつ
●もちもの　おべんとう・
すいとう・しきもの・おやつ
おしぼり・タオル・ティッシュ
●わすれものの ないように
じゅんびしましょう。
●ぼうしを かぶりましょう。

中にしまえます
はるの
えんそく

作り方

表にはる
はるの
えんそく
リボンを挟んではる

① 色画用紙を絵のように切る。ポシェットの表面にパーツをはり、食べ物の裏には文字を書いた紙をリボンとともにはる。

のり
表面を
はる

② 食べ物のリボンと肩かけ用のリボンをポシェットの内側にはる。谷折り線で折り、表面をはる。

型紙は103ページ

案・製作／尾田芳子　イラスト／加藤直美

part 3

当日編

遠足・園外保育を盛り上げるアイデア

当日なにをするかが、園外保育でのメインテーマとなりますが、
遊び一つとってもそこには保育者の意図があるはずです。
その遊びを通して子どもたちに伝えたいことを考えましょう。

把握しておきたい

当日の流れ

遠足当日です。子どもたちは朝からウキウキしていることでしょう。保育者は落ち着いて持ち物やスケジュールの確認をしましょう。

子どもたちの人数確認や持ち物の確認をして出発

子どもたちが集合するまでに、保育者自身の持ち物や保育者同士での打ち合わせは済ませておきます。子どもたちが集合したら、健康状態を確認し、できれば持ち物の確認もしましょう。お弁当のフォークやハンカチなど忘れ物があったときは、園の物を貸すなどして不便のないように配慮しましょう。

お弁当と水筒と…

当日のタイムスケジュール

一日の流れを頭に入れておくと「○時は昼食だからそろそろ準備を……」とスムーズに次の行動に移れます。ここでは子どもたちと保育者で行くバス遠足のスケジュール例を紹介します。

登園

9：00

かいとくん、
あさりちゃん…

登園する

通常の保育と違って園外へ出かけるので、欠席する場合はなん時までに園に連絡してほしいか、あらかじめ伝えておきます。

出発、移動

9：20〜10：20

BUS

バスレクで楽しく

人数確認をして出発。移動中は歌、ゲーム、手遊びなどをします。また、気分が悪い子、トイレに行きたい子がいないかなど気を配ります。

到着、遊び　10：20〜11：30

自由遊びや集団遊び

アスレチックで遊んだり、みんなでおにごっこをしたり。たっぷり体を動かして遊びます。保育者は安全に気をつけて。

昼食、おやつ　11：30〜13：00

楽しみにしていたお弁当、おやつ

保護者が作ってくれたお弁当を青空の下で食べる味は格別です。終わったらおやつを食べ、後片づけをします。来たときよりもきれいにして帰るくらいの気持ちで。

集合、出発　13：10

バスに乗って、園へ

集合し、人数確認をして出発します。疲れて寝てしまう子もいるので、常に気配りを忘れないようにします。

園到着　14：10

ただいま！無事に園到着

楽しく遊んで帰ってきました。ひと休みして、いつものように帰ります。

バスの乗降の際や現地では、行動の節目ごとに人数確認をしましょう。

当日朝のチェックポイント

- □ 天候の確認
- □ 保育者の持ち物の確認
- □ 出席園児の確認、健康状態の確認
- □ 子どもたちの持ち物の確認
  （もし忘れ物があったら、園で用意できる物は用意する）
- □ トイレに行く
- □ 子どもたちと約束事を確認

驚きや感動を大切に

周囲に目を向ける

案（50～59ページ）／竹部正人（こどもの城）

園外保育では現地で遊ぶだけが目的ではなく、園とは違う環境に目を向けて、いろいろなことに気づくことも大切なテーマです。

子どものつぶやきを聞く

保育者のほうから子どもに「あそこに○○がいるね」「これは○○みたいね」と言うのではなく、子どものちょっとした発言に耳を傾け、「そうだね、○○みたいだね」「○○ちゃんは△△と思ったんだね」と気持ちをそのまま受け止めるのがポイントです。子どもは、自分の気持ちをわかってくれたと安心し、それが信頼関係にもつながります。

子どもたちの発見や驚きを共感しよう

遠足や園外保育などでは、子どもたちは山や海、公園、動物園や水族館などで、普段はなかなか触れ合えないような自然や動植物との出会いを体験することでしょう。でもそんなとき、私たち大人はすぐに動植物の名前や生態など、なにかを教えることばかりに目を向けてしまいがちになってはいないでしょうか？

海洋生物学者のレイチェル・カーソンは、その著書『センス・オブ・ワンダー』の中で、姪の息子の小さなロジャーと過ごしたメイン州の別荘での経験を元に、**『知ることは、感じることの半分も重要ではない。』『もしもわたしが、すべての子どもの成長を見守る善良な妖精に話しかける力を**

空を見上げてみましょう。雲、鳥、飛行機……。子どもたちがどんな発見をするか楽しみです。

まあ、すてきな宝物ね
雲が動いてる…
飛行機雲！
こんなの見つけた！
あっ なにかいる…

ポリ袋などを持って行くと、子どもたちの発見した宝物を大切に保管することができます。

もっているとしたら、世界中の子どもに、生涯消えることのない「センス・オブ・ワンダー＝神秘さやふしぎさに目をみはる感性」を授けてほしいとたのむでしょう。』と語っています。

また彼女は、子どもの「センス・オブ・ワンダー」を新鮮に保ち続けるには、感激、神秘などを子どもたちといっしょに再発見し、感動を分かち合える大人の存在が必要であるとも述べています。

遠足や園外保育は、子どもたちが普段の生活から離れ、周囲のいろいろな物に目を見張り、初めての出会い、驚き、感動を味わう絶好の機会です。子どもたちの「センス・オブ・ワンダー」の心がのびのびと発現できるように、私たち大人も自然や生命を愛しみ、「？」や「！」という発見や驚きを共感できる心を忘れずにいたいものですね。

＊太字部分『センス・オブ・ワンダー』（レイチェル・カーソン著　新潮社）より引用

みんなで楽しむ

自然遊び

自然が豊かな場所では、その環境を十分に生かした遊びをしてみましょう。大人にとっては懐かしい遊びも子どもにとっては新鮮です。

お気に入りを並べよう

子どもたちに、「お気に入りの葉っぱ」や「お気に入りの木の実」を一つだけ探してくるように言います。みんなが探してきた物を「大きさの順番」や、「薄い色から濃い色の順番」に並べてみましょうと言って、子どもたちに任せます。

遊びのねらい

同じ種類の葉っぱや木の実でも、色や形、大きさはさまざまであることに気づくでしょう。また、下のバリエーションでは、自然の中には意外に青が少ないことがわかります。

こんなに大きいの！
どっちにしよう…
ぼくのはこれ。
大きい順に並べてみましょう。

すぐできるバリエーション

同じ色あるかな？

赤、緑、黄、青、白、黒などの折り紙を小さく切ったものを用意しておき、「○○ちゃんは緑色の物を探してきてね」などと言って1枚ずつ渡します。探してきた物は薄い色から濃い色へと、順番に並べてみてもいいでしょう。

緑はカンタン！
青がないよ…

★折り紙はピンクや黄緑などの中間色ではなく、原色がいいでしょう。探す物は、自然界にある物に限らずなんでもいいこととします。

生き物の印を探せ

保育者は、「ここには鳥や虫、もしかしたら動物も住んでいるかもしれません。でも本物をつかまえるのはかわいそうだから、生き物が生きている印を探してみましょう」と声をかけます。虫食いの葉っぱ、鳥の羽、虫の抜け殻や死骸、ふん、巣、卵、カタツムリの歩いた跡、クモの巣などを子どもたちといっしょに見つけましょう。

遊びのねらい

葉っぱの虫食い一つでも、それは虫が生きている証拠です。小さなことも見逃さず、いろいろな発見をしましょう。

抜け殻や死骸
ふん
鳥の羽
鳥の巣
クモの巣
虫食いの葉っぱ
カタツムリの歩いた跡

葉っぱの裏も見てみよう。
あった!
なにかないかな。

すぐできるバリエーション

アリのお仕事拝見

アリの巣を見つけ、近くにクッキーのかけらなどを一つ置きます。一定時間ごとに見に行くと、どんどんアリの数が増えていく様子が観察できます。よく見てみると、触角を触れ合わせているところも見られます。生きるためにアリが働いていることがよくわかります。

さっきのクッキーのところ、どうなったかな？
アリさんいっぱいだ。
クッキー運んでる。

大入道

晴れていたら太陽を背にして、地面に映った自分の影を30秒くらいじっと見つめます。それからぱっと空を見上げると、あら不思議。大きな人の姿が空いっぱいに浮かんで見えます。いろいろなポーズに変えて遊んでみましょう。

遊びのねらい

普段は見過ごしがちな影に注目します。みんなで影踏みをしてもいいですね。光と影の強烈なコントラストが残像として目に焼きつくため、単調な青空を見上げると影の部分だけがぼんやりと見えてくるのです。

①自分の影を30秒くらい見つめる。

②空を見上げる。

いろいろなポーズでやってみよう。

③大きな人の姿が空いっぱいに見える。

ネイチャービンゴ

①図のようなビンゴカードを作り、中央のマス目に人を描きます。

②ほかのマス目には、「木の実」、「鳥の羽」、「虫」、「ハート型の葉っぱ」、「すずめ」、「アリの巣」、「クモの巣」など、自然の中で見つけられそうな物を描きます。マス目の中に色紙をはり、「この色と同じ物」でもいいでしょう。

③「スタート」の合図で子どもたちはビンゴカードに書かれた物を見つけに行きます。見つけたら保育者に丸をつけてもらいます。縦、横、斜め、いずれかの列の丸が揃ったらビンゴです。30分以内などと決め、一定時間にいくつのビンゴが完成したか見せ合います。

★保育者は5～6人に一人つくといいでしょう。

ビンゴカードの例

遊びのねらい

自然に目を向け、普段なにげなく見ているものでも意識して観察します。

草花遊び～春・夏

オオバコの草相撲

オオバコを2本絡ませて、引っ張り合いをします。先に切れたほうが負けです。

先に引っ張ると切れやすいので、相手に先に引っ張らせるのがコツ。

シロツメクサの冠

茎をからませながら編んだり、三つ編みにしたりします。

タンポポの指輪、腕輪

タンポポの茎を裂いて穴をあけ、端を通して指輪にします。茎を2本に裂いて腕輪に結べば腕輪です。

笹舟

笹の葉を図のように折り、船を作ります。川や池があったら流してみましょう。
★笹の葉は指を切りやすいので、はさみで切りましょう。

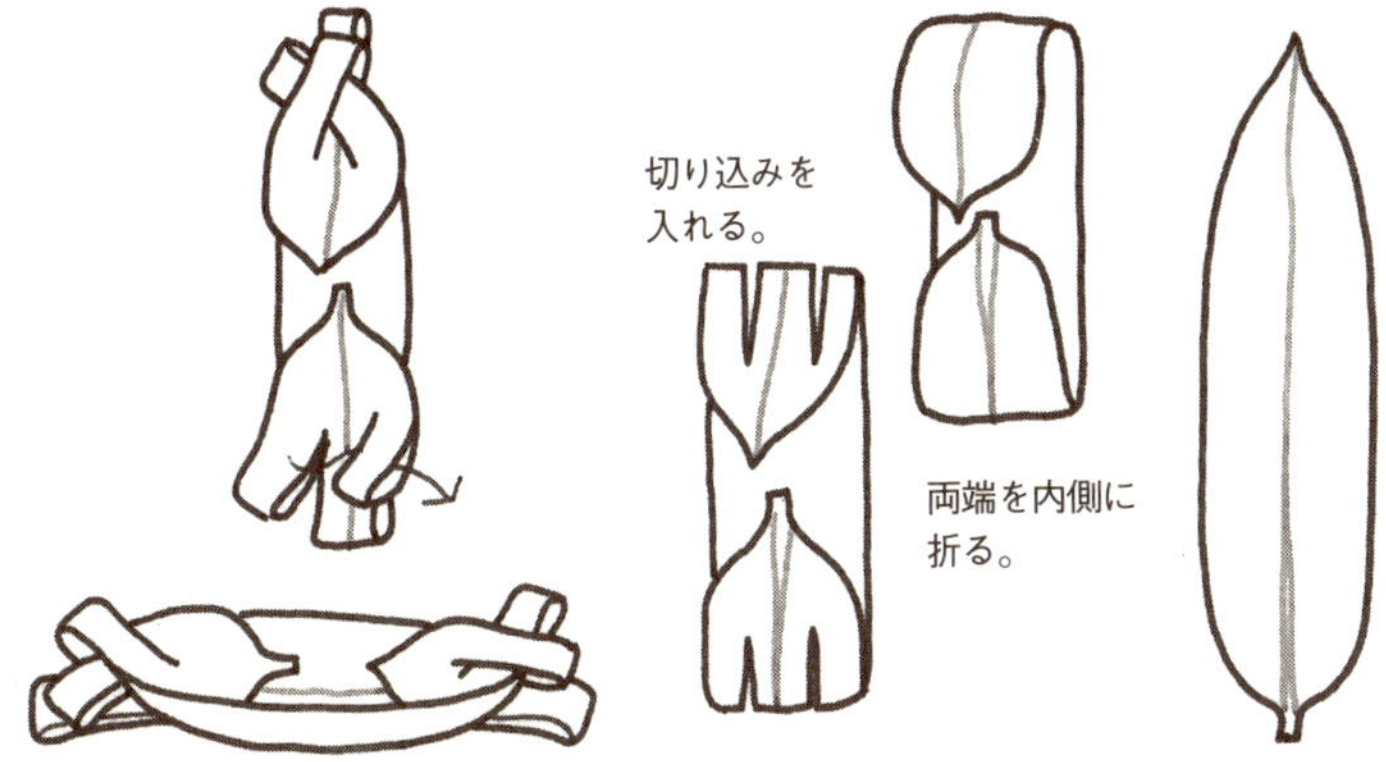
両端を内側に折る。
切り込みを入れる。
折ったところに2本ずつ切れ目を入れ、組み合わせる。

オシロイバナのパラシュート

花を取り、図のように子房を少し引き抜き、高いところから落とすとパラシュートのように落ちます。

エノコログサの毛虫

エノコログサの穂を手でゆるく握り、そっと手をニギニギしていると毛虫のように出てきます。

モコ
モコ
ニギ
ニギ

ナズナのデンデン太鼓

ナズナの実のつけ根を少しずつ下に裂きます。茎をデンデン太鼓のようにクルクルと振ると「ペンペン」と音がします。

ぺん
ぺん

草花遊び～秋・冬

くっつく草の種

「オナモミ」「センダングサ」「イノコヅチ」「メナモミ」など、くっつく草の種はいろいろな種類があります。服にくっつけて遊んでみましょう。

センダングサ
オナモミ
イノコヅチ
メナモミ

ちょこっとアイデア 持って行くと便利なアイテム

油性ペン、紙と鉛筆、木工用接着剤、ポリ袋なども用意しておくと自然物を使って遊んだり、採集したりするときなど、使い道がいろいろあって便利です。また、草花の名前が調べられるように、携帯できるサイズの図鑑を持っていくのもいいですね。

ポプリ

落ち葉を種類別にビニール袋に分けて入れ、においをかいでみましょう。種類によって違うにおいがします。好きなにおいの葉っぱを混ぜればオリジナルポプリ（におい袋）ができます。

クンクン
どんなにおいかな
サクラの葉っぱょ
イチョウだょ

イチョウの葉のネズミ人形

イチョウの葉を図のようにしてネズミのような人形を作ります。油性ペンで目玉を描きましょう。

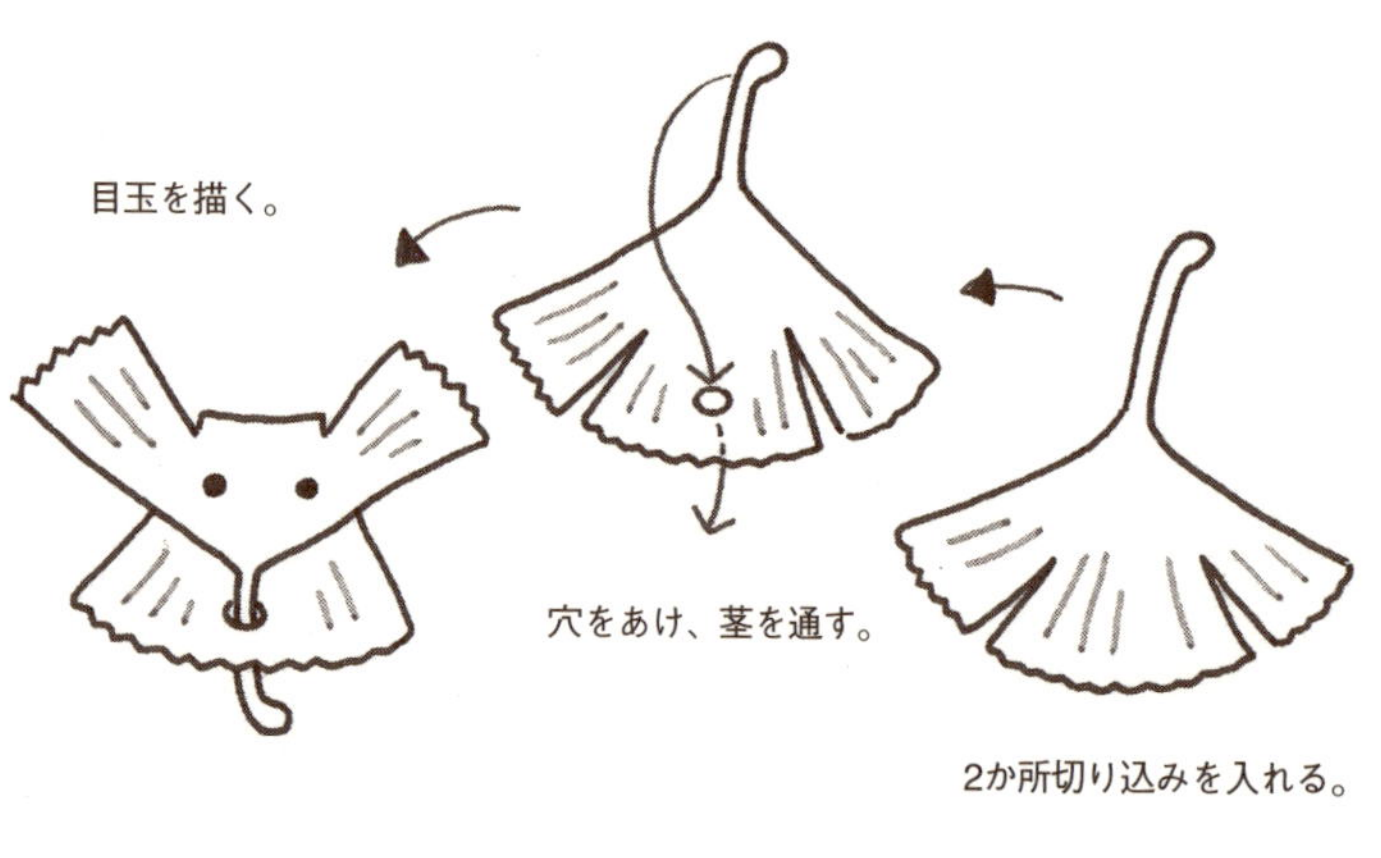
2か所切り込みを入れる。
穴をあけ、茎を通す。
目玉を描く。

落ち葉遊び

落ち葉がたくさんあったら、みんなで落ち葉の中に隠れたり、落ち葉の投げっこをしたり降らせたりして遊びましょう。

おふとんみたい

落ちるながんばれ

①6人一組くらいのグループを作り、新聞紙を数枚広げておきます。保育者は「ここから落ちたら下は海！　落ちないようにくっついて！」と言い、子どもたちは新聞紙の上に乗ります。

②全員が乗れたら、次は新聞紙を折り、乗るスペースを小さくしながら繰り返します。片足でも、友達の足の上や背中に乗ってもOKです。とにかく新聞から落ちないようにします。

★寒い日には、このような体をくっつけ合う遊びで体も心も温めましょう。

下は海です
落ちないでねー

まだ大丈夫!
わー落ちるっ
乗れるかな
クジラがいるー
サメだー

広い場所で 体を動かす

みんなで外遊び

案（60〜73ページ）／やまもとかつひこ（関西あそび工房）

園外保育ならではの環境を生かした活動を展開しましょう。保育者自身も楽しみ、子どもたちの様子を観察しながら遊びましょう。

STEP 1 まず、遊びのねらいを考えてみましょう

遊びを企画するときには、確認したいいくつかの事柄があります。最初に、園外保育という貴重な機会に「遊びの時間」を設けることのねらいを考えてみましょう。

例えば、春に行うなら「新しい友達と仲よくなれるように」、寒い日なら「体を動かして温まれるように」、親子が対象なら「家族の交流ができるように」など、クラス運営上の時期や季節、行き先、対象などで異なったねらいになるでしょう。このように、ねらいの設定によって遊びの内容は大きく変わってきます。ねらいをよく考え、ねらいに則した遊びにすることが大切です。

STEP 2 行き先はどこですか。遊ぶ場所を把握しましょう

次に遊ぶ場所の確認です。過去に行ったことのある場所か、初めての場所か、自然の豊かさはどの程度か、広さはどのくらいか、安全面でチェックするべきことなど、行き先のさまざまな状況、情報を集めておきましょう。広場ならみんなで集まったり、走り回ったりして遊ぶことができます。森や林があるなら、豊かな自然の中でその環境を生かした探検遊びが可能です。

遊びのフィールドを存分に生かした遊びなら楽しさも倍増し、園外へ出た意味も大きくなります。行き先に応じた遊びの内容を考えましょう。

STEP 3 遊びの内容だけではなく、具体的進行も考えましょう

最後に進行の仕方です。遊びの企画は、その内容だけを考えるのではありません。当日の具体的進行（どんな場面で、どのような言葉かけをして開始し、どのように終えるのかなど）などもシミュレーションしておくと、いざというときに慌てずに対応できて安心です。

下見の際には、どの場所に集合するのか、どの位置に立って遊びの説明をするか、どんな合図で知らせるかなども考えておきましょう。もちろん当日は臨機応変に、その場の状況に応じて対応するわけですが、基本の動きは頭の中に描いておくといいでしょう。

遊びのねらい

園外での集合は、いつも以上に難しいものです。もちろん出発前に十分な注意を促しますが、やはり目的地に着くと気が散ってしまいます。そこで、遊びながら子どもの注意をひき、すばやく楽しく「集まる」ということを実現させるのです。

集まることを遊ぶ

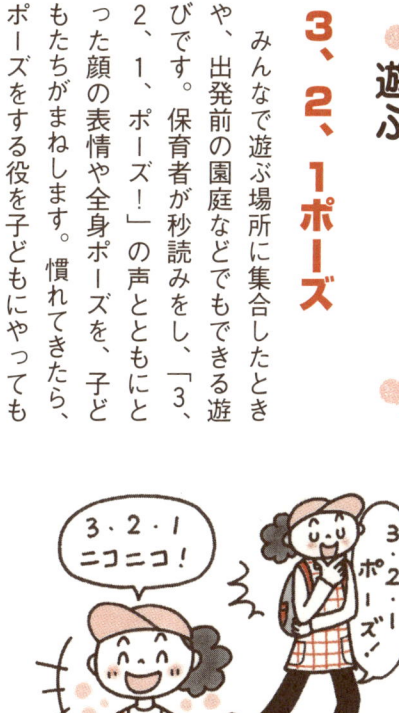

3、2、1ポーズ

みんなで遊ぶ場所に集合したときや、出発前の園庭などでもできる遊びです。保育者が秒読みをし、「3、2、1、ポーズ!」の声とともにとった顔の表情や全身ポーズを、子どもたちがまねします。慣れてきたら、ポーズをする役を子どもにやってもらってもいいですね。

すぐできるバリエーション

ちょっとした変化をつけて

秒読みからみんなで一斉に声を合わせると注意力がアップします。

親子遠足なら「次は○○ちゃんのお母さん、前に来てポーズをお願いします!」と言ってやってもらってもいいでしょう。

「3、2、1、ポーズ!」のときに人さし指を口元にあてれば、みんな静かになって話を聞く態勢になります。

ロープを使って遊ぶ

あつまロープ！

①長めのロープ（できれば10ｍくらい）を数本用意します。保育者は「これは魔法のロープです。このロープでくるっと囲めば、その中は安全地帯になります」と言って、円形に置いて見せます。

②「あつまロープ！」の合図に合わせて、ロープでできた形の中にみんなで入ります。

★小さければおしくらまんじゅう状態になり、寒い日にぴったりです。

遊びのねらい

ある程度の広さがあれば簡単にでき、遊びに集中することができます。形や広さを見ながら、全員がロープの中におさまるように子どもたち自身が課題を解決する遊びです。子どもたちが知恵を絞ったり、コミュニケーションをとったりするきっかけにもなります。

すぐできるバリエーション

いろんな形にあつまロープ！

慣れてきたら、ロープをいろいろな形に置いても楽しいです（三角形、星型、長方形、バナナ型など）。

カラーロープ（またはなわとびのなわ）やフープがあれば、「赤い丸！にあつまロープ！」などと言って、色を指定して遊ぶこともできます。

もじもじロープ！

広くて平らな場所で、長めのロープ（できれば10ｍくらい）を数本用意します。はじめはロープをまっすぐに置いて、綱渡りのようにロープの上を歩きます。次はS字に挑戦、その次は渦巻きと、いろいろな線の上を歩きましょう。

遊びのねらい

地面の上ですが、平均台を歩く気分でバランス感覚を養うことができます。直線、曲線、渦巻き線など、いろいろな線をつくってつないでおけば、ロープだけでちょっとしたサーキット遊びができ上がります。こうした遊びの展開を子どもたちといっしょに考えることもできます。

すぐできるバリエーション

ロープ大活躍

ロープがたくさんあればひらがなの形もできます。ロープでクラス名を描いてその上に立ち、少し高いところから見れば「人文字」のできあがりです。直線を並行に並べれば、いつもは苦労する集合写真も効率よく撮影可能です。

園外保育ではロープは活用の幅が広いので、持っていくと重宝します。

走って遊ぶ

あっちこっちタッチ

大きめの木や遊具など、目印になるものがある広い場所で遊びます。指示をする保育者はなにか一つ目印を決めて「ではみなさん、あの大きな木にタッチ！」と大きな声で目標を指差します。子どもたちはそこに向かって走ります。目標まで行ってタッチしたら、また指示をする保育者のところへ戻ります。

★年齢に応じて距離に変化をつけましょう。目標物を3つくらい決めて走ってもいいですね。

遊びのねらい

行き先の環境を見渡す機会としてこの遊びをしてみましょう。炎天下のときは不向きなので、体を温めたいときや、広場をのびのびとかけ回りたいときの動機づけになります。

すぐできるバリエーション

走り方や目標物をくふうして

「今度はカエルさんになって、あそこの看板までピョンピョン！」とまねっこ遊びを取り入れてもいいでしょう。

「今度は○○先生のおしりにタッチ！」として、保育者も逃げ回ると楽しいですね。いろいろな保育者や子どもの名前を呼ぶことで、名前を覚える機会にもなります。

おにごっこで遊ぶ

タッチおに

おにを一人決めます（最初は保育者でもOK）。おにが10まで数えている間に子どもたちは逃げます。おににタッチされたらおにを交替して続けます。

待てー！
キャー!!

じゃんけんタッチおに

タッチおにと同じように、おにが追いかけて逃げる子にタッチします。タッチされた子はその場でおにとじゃんけんをします。おにが勝ったら負けた子とおにを交替できます。負けたらおにが10まで数えてから、再び追いかけます。

じゃんけんしよう
タッチ！
あっ

遊びのねらい

タッチおにに慣れてきたころにおすすめです。おには、「つかまえた」と思ってもじゃんけんで負けたらまたおにになってしまいます。一方、つかまったほうは、じゃんけん次第でまた逃げるチャンスがあり、ドキドキワクワクが楽しめます。

ワンポイントアドバイス

広い場所でのおにごっこのコツ

広い場所でのおにごっこはエリアを限定して始めます。64ページの「あっちこっちタッチ」のように周囲の環境を知る遊びのあと、木や遊具をエリアの目印に決めましょう。

ロープを張って制限したり、「逃げる子はケンケンで」と動作を制限したりもいいですね。

ケンケンで逃げてね

氷おに

おにを決め、ほかの子どもたちは逃げます。おににタッチされたらその場で「カチン！」と凍って動けなくなります。タッチされたときのポーズで止まったり、「気をつけ」の姿勢で止まったり、しゃがんだりなど決めておくといいでしょう。

すぐできるバリエーション

溶かすンジャー登場！

おにと同じ数の「溶かすンジャー」を決めます。溶かすンジャーは凍って動けない人にタッチして溶かすことができます。おには青い鉢巻、溶かすンジャーは赤い鉢巻をして役割がよくわかるようにしておきましょう。

遊びのねらい

おににタッチされて凍ってしまっても、溶かすンジャーにタッチされると元に戻れるので、「早く来てタッチして！」という仲間意識を刺激します。凍ったり、溶かされたり、変化が楽しめます。

生き返りおに

おにを決め、ほかの子どもたちは逃げます。おににタッチされた子は、あらかじめ決めておいた課題をすることができれば生き返ってまた逃げることができます。

課題は、「あの木にタッチする」「木の周りを5周回る」「○○先生と握手する」など、場所の広さや気候などを考えて決めましょう。

遊びのねらい

タッチされても決められた課題をこなすことで、つかまっても達成感を味わうことができます。課題は子どもたちと相談し、いろいろなアイデアを出し合うと、遊びがどんどん広がっていきます。

つかまったら あの木にタッチすれば 生き返れますよ
生き返ったよ～！♪
タッチ！
あの木だ
待て！

しっぽ取りおに

子どもたちはズボンの腰に鉢巻（新聞紙を細く切ったものや紙テープでもよい）を挟みます。「スタート」の合図でみんなで追いかけっこをし、しっぽを取り合います。

★自分のしっぽを気にしながら走るので、衝突しないよう十分な広さのあるところで遊びましょう。

遊びのねらい

みんなが逃げて、みんなが追いかける特定のおにがいないおにごっこです。しっぽを取られまいと一生懸命に逃げるので運動量が多く、ダイナミックに遊ぶことができます。親子で遊ぶのも楽しいですね。

すぐできるバリエーション 1

1対1 しっぽ取りおに

2人1組になり、しっぽ取りおにと同様にしっぽを挟みます。相手と握手し、その手を離さずお互いのしっぽを取り合います。相手を引き寄せたり、引いたところで緩めたり、いろいろな作戦が生まれます。

すぐできるバリエーション 2

しっぽやさんつきしっぽ取りおに

保育者がしっぽやさんになり、「しっぽを取られたら、葉っぱ3枚で新しいしっぽを買うことができます」と言ってしっぽ取りおにをします。

★買い物をするようなおもしろさがあり、なん度でも遊びに復活できる遊び方です。

すぐできるバリエーション 3

電車ごっこでしっぽ取りおに

3〜5人のグループをつくり、前の子の肩に手を置いてつながります。一番後ろの子の腰にしっぽを挟み、先頭の子はほかの電車のしっぽを取ります。

★「シュッシュッポッポ」とかけ声をかけてみんなで進む練習をしてから始めるといいでしょう。「じゃんけん列車」のように、取られたら後ろにつながるというルールにしてもいいですね。

 イラスト／町田里美

探検しながら遊ぶ

探検ハイキング

①保育者が下見をするとき、園で使っているぬいぐるみなどを持って行きます。現地の数か所にぬいぐるみを置いて写真を撮影します。

②園外保育に出かける前に、子どもたちに写真を見せます。クマのぬいぐるみなら「さあ、今度みんなでお出かけする○○公園に、クマさんが先にお出かけしたみたいです」などと話しておきます。

③当日、現地に着いたら「さて、クマさんが写っていた場所はどこでしょう?」と言い、みんなで探しましょう。

下見
この辺で…
当日
クマさんが写っていたのはどこでしょう?
どこだろう?

遊びのねらい

写真をヒントにした「宝探し」のような遊びです。事前に写真を見せることで、園外保育への動機づけや、クラスの雰囲気づくりにも役立ちます。

★置いた場所の全体を写すより、部分的に写したもののほうが難しくなります。年齢によって、写真の撮り方をくふうしましょう。

★子どもたちの姿が見える範囲を決めて探検しましょう。

すぐできるバリエーション

迷子のクマさん探し

保育者は「みんながいつも遊んでいるクマさんから、こんな手紙が届きました」と言って、手紙を読みます。「どうやらクマさんは、みんなが園外保育に出かける○○公園で迷子になった様子です。さあ、探しに出かけましょう」と言って、みんなでクマのぬいぐるみを探します。

★再び集まったら、探したときの様子や見つけたときの様子を報告してもらいましょう。

クマさんからの手紙

○○えんのみなさん
ぼくは　いつも　みんなの
おへやに　いる
クマさんです。
じつは　○○こうえんに
きてみたのですが、まいごに
なって　しまいました。
みんなに　あいたいので
ぼくを　さがして　ください。
クマさんより

親子で遊ぶ

宿題シート作り

「宿題」を組み合わせて「宿題シート」を作ります。宿題の内容は、園外保育の行き先や季節、対象年齢などに合わせてくふうしましょう。当日、現地に到着したら、簡単なルール説明をして、親子に「宿題シート」を配布し、始めます。

宿題 1

「きょう、ここに来ている人たちの中から、5人と握手をして、それからサインをもらってきましょう」

（「大人2人と子ども3人」のようにしてもよい）。

★宿題シートには5人分の枠を書いておきます。

宿題 2

「〇〇公園（行き先の名前）を歩きながら、感じたことと、見たことを5・7・5のリズムで書きましょう」

★宿題シートには縦長の枠を書いておきます（川柳を書く要領）。

宿題 3

「ここに書いてあるいろいろな物を発見したら、〇をつけましょう。さあ、いくつ発見できるでしょう。ほかに見つけたものがあったら書いたり持ってきたりしてもいいですよ」

★宿題シートには探す物のチェックリストを書いておきます。

遊びのねらい

広い場所に出かけると、それぞれの親子単位の自由時間になってしまうことがあります。これは、どんなに広い場所でも、どんなに大人数でも交流できる遊びです。川柳は気軽に書けて、その内容を園便りに掲載したり、次回の園外保育の参考にしたりできます。

宿題シートの例

宿題 1　5人と握手してからサインをもらう。

宿題 2　5・7・5のリズムで書く。

例…カタツムリ　はっぱのかげで　かくれんぼ

宿題 3　発見したら、○をつける。

	あしあと
	きいろい　はな
	におい（どんなにおいでもよい）
	とりのこえ
	みずのおと
	おちている　はっぱ
	くもの　す
	かぜと　くも
	ながい　いきもの

限られた場所で遊ぶ

バスレク

バス遠足では往復の時間も楽しく過ごしたいですね。簡単にできる歌遊びやゲームを覚えておいて、子どもたちと盛り上がりましょう。

狭く限られた空間を生かして遊びましょう

待ちに待ったバス遠足。動きたくてしかたがない年齢の子どもたちが、バスの座席に座っていなければならないのですから、どうしても退屈してしまいます。そんな子どもたちのために、バスの中では目的地への期待を高めるような歌やゲームで遊ぶことを考えましょう。楽しんでいれば車酔いのことも忘れてあっという間に着いてしまいます。

バスレクといっても、特別な遊びを用意する必要はありません。普段の保育でしている手遊びをバスの中でするだけでも楽しいものです。子どもたちが大好きな歌を集めてうたっても盛り上がるでしょう。難しく考えず、やり慣れたことから始めてみましょう。

バスレクのポイント

座ったままできる遊びを選ぶ

着席しているときは、基本的にシートベルト着用です。子どもたちは立つことができないので、座ったままできる遊びを考えましょう。盛り上がると立って遊んでしまいがちですが、「立ち上がらない」ことを子どもたちとしっかり約束しておきましょう。

遊びばかりではなく、静かに過ごす時間も

乗っている間じゅうなにかをしなくてもいいのです。窓から見える景色を眺めるのも、子どもたちにとっては楽しいことです。遊びで盛り上がったあとは「外を見てみましょう」などと声をかけてゆったりと過ごす時間もとりましょう。

バスの中でする遊びを事前に一度はやってみる

予定しているバスレクは、普段の日に一度やっておくと安心です。改善すべき点が見つかったり、遊びの幅が広がったりします。また、当日は説明もスムーズにでき、子どもたちもすぐに遊びに慣れて余裕をもって楽しめるでしょう。

帰りは無理をせず体を休めることを優先する

帰りは遊び疲れているので、無理にバスレクをせず、眠い子は寝るなどして静かに過ごしましょう。

歌遊び ♪バスごっこ

大型バスに乗ってのバスごっこは気分も最高です。体も活発に動いて、「もう一度！」のリクエストもかかります。

1番

① ♪おおがたバスに のってます きっぷを じゅんに わたしてね

両手でハンドルを動かす動作をする。

② ♪おとなりへ ハイ（4回繰り返す）

拍手を3回し、「ハイ」で隣の子と両手を合わせる。

③ ♪おわりのひとは ポケットに！

体を左右に揺らし、「♪ポケットに！」でおなかやポケットをたたく。

2番

① ♪おおがたバスに のってます いろんなとこが みえるので

1番の①と同様。

② ♪よこむいた ア うえむいた ア したむいた ア うしろむいた ア

歌詞に合わせて「♪ア」で横、上、下、後ろを向く。

③ ♪うしろのひとは ねむった！

体を左右に揺らし、「♪ねむった！」で眠ったポーズをする。

3番

① ♪おおがたバスに のってます だんだんみちが わるいので

1番の①と同様。

② ♪ごっつんこ ドン（4回繰り返す）

歌詞に合わせて「♪ドン」で隣の子と肩をぶつけ合う。

③ ♪おしくらまんじゅ ギュッギュッギュッ！

体を左右に揺らし、「♪ギュッギュッギュッ！」で脇をしめる動作をする。

作詞 香山美子／作曲 湯山 昭

♪パンパンサンド

食べ物の歌は子どもたちに人気があります。慣れたらパンに挟むものを変え、動作もそれに合わせてみましょう。

① ♪ふんわりパン

右手を回転させながら前に出す。

② ♪ふんわりパン

左手を回転させながら前に出す。

③ ♪ジャムをはさんで

手のひらを合わせてジャムを塗るように動かす。

④ ♪ジャムサンド

パンをはさんで持つように両手を合わせ、上下をひっくり返す。

⑤ ♪パンパンパン

顔の横で拍手を3回する。

⑥ ♪パンパンパン

反対側で拍手を3回する。

⑦ ♪ほーら　できあがり

両手を前に出す。

⑧ 「いただきまーす」

食べるまねをする。

作詞　阿部 恵／作曲　宮本理也

簡単ゲーム

なんでも「ハイ」ゲーム

子どもたちは、保育者になにかを質問されたり、言われたりしたことに対して「ハイ」とだけ返事をする約束をします。保育者対子ども全員でも、保育者対子ども一人でもできます。保育者が言う言葉をいろいろ考えておきましょう。「えーっ」と言いたくなるような内容も混ぜるとおもしろいですよ。

保育者の言葉の例

- 楽しみにしていた遠足です。お天気がよくて、よかったですね
- ゾウさんやキリンさんに会えるの、楽しみですね
- （行きのバスの中で）そろそろ帰りましょうか
- ○○先生はみんなと同じ4歳です
- ○○先生はとってもかわいいですね
- おやつを食べるとむし歯になるので食べたくないですね

すぐできるバリエーション

「いいえ」でやってみましょう

「今度は『いいえ』とだけ返事をしてください」と言って遊んでみましょう。「もっと遊びたいですね」「お弁当はおいしかったですか」など、帰りの内容でもいいでしょう。

これなーんだ?

保育者がいろいろなしぐさをして、それがなにかを当てるゲームです。大げさに表現したり、上半身で表現したりして、後ろの席の子にもわかりやすくしましょう。

　行き先をイメージさせるようなもの、子どもたちがよく知っている生き物や食べ物、なにかしているところ、人物などわかりやすい動作をテーマにしてみましょう。

鼻が長い
耳が大きくて

ゾウ

カキーーン

野球の選手

耳に入れて
おなかをもしもし

お医者さん

ピョンピョン

ウサギ

チリリーン

自転車に乗る

ブー
カチャ

車に乗る

ハンカチかくれんぼ

①軽く握った手にハンカチをかぶせて隠します。「ここに隠れているのは誰かな？　お母さん指かな？　赤ちゃん指かな？」と言いながら、そっと指を一本伸ばします。

誰が隠れているかな？

②「どの指かわかりましたか？　わかったら、その指を出して教えてね」と言って、子どもたちが答えるのを待ちます。

赤ちゃん指？
お母さん指
わかったら指を出してね

③「正解は、お母さん指でした！」と言いながらハンカチを外して手を見せます。当たった子にはみんなで拍手をします。

★ちょっとした合間に簡単にできる遊びです。少人数でも、大勢でも楽しめます。

お母さん指でした！

すぐできるバリエーション

隠れているのは誰と誰？

「次は一人ではありませんよ。誰と誰が隠れてると思う？」などと聞き、親指と小指にしたり、人さし指と小指にしたりしてみましょう。

 案（74～79ページ）／阿部 恵

思い出を表現する

帰ってからの活動

遠足、園外保育が終わったら、子どもたちの心に残っていることをいろいろな形で表現してみましょう。実践例をいくつかご紹介します。

子どもたちが感じたことを形に表しましょう

子どもたちにとっては、周りのすべてが不思議で楽しいものばかりです。好奇心いっぱいの心でその子なりに考え、感じたことがあるでしょう。それをそのままにしておくのはもったいないですね。その後の遊びや活動、生活に生かしましょう。

子どもたちは身近な物こそ宝物であると感じています。摘んできた草花、拾ってきた木の実、葉、石……。持ち帰ったら飾ったり、それを素材にしてなにかを作ったりしてみましょう。そのときのつぶやきや表情をとらえ、作品に添えるとより充実したものになりますね。驚きや感動を形にして残すことは、次の活動への意欲にもつながることでしょう。

発表する

楽しかったことを思い出してみる

「先生は○○がおもしろかったな！　みんなはなにがおもしろかったか、教えてくれる？」などと問いかけ、話し合ったり、一人ずつ発表したりします。

ひとくふう

段ボールでテレビのような枠を作って発表するのも盛り上がります。

ゾウが水あびをしているのがおもしろかったです

ワンポイントアドバイス

つかまえた虫を飼いたいと言ったら？

遠足、園外保育でつかまえた虫を飼いたいと言うときは、命の大切さを伝えるすばらしい機会とも考えられます。子どもに「どうしたらいいと思う？」と問いかけると、子どもなりに一生懸命考えます。空き容器を用意したり、作ろうとしたりするなど、くふうする力、創造する力が育つでしょう。また、図鑑で飼い方を調べるなどの探究心も培われます。保育者は、子どもの思いをできるだけ実現できるように手助けしましょう。

飼ってもいい？

お話（80ページ）／加藤良美

絵を描く

描いたり、共同製作したり

「どんなことが楽しかったかな？」「○○したとき、すごく気持ちよかったね」など遠足でのハイライトシーンを思い出させる言葉をかけると、子どもたちが描きやすいでしょう。5歳児になると、グループで話し合いながら共同画を描くことができます。

長い すべり台 だったね
うん！

いっぱい ひろったよね！
ペタ
ペタ
子どもの絵
台紙
枝、葉っぱ ドングリなど

ひとくふう

描いた絵を一回り大きな台紙にはり、絵の周囲に拾ってきたドングリや葉っぱ、小枝などをはって額縁のようにします。

ごっこ遊び

盛り上がるような言葉をかけながら

動物園なら動物ごっこ、公園なら風になってみるなどして遊びます。例えば「ここは動物園。いろんな動物がいますね。名前を呼んだら、どんな返事が返ってくるかな？」など、子どもたちがそれらになりきれるような言葉かけをするとやりやすいでしょう。

さとしくーん
ガオー
ライオン！

製作する

持ち帰ってきた自然物で、いろいろな製作を

草花や木の実、葉っぱなどを使って製作をしてみましょう。子どもたちの見立て、自由な発想を生かした作品になることでしょう。

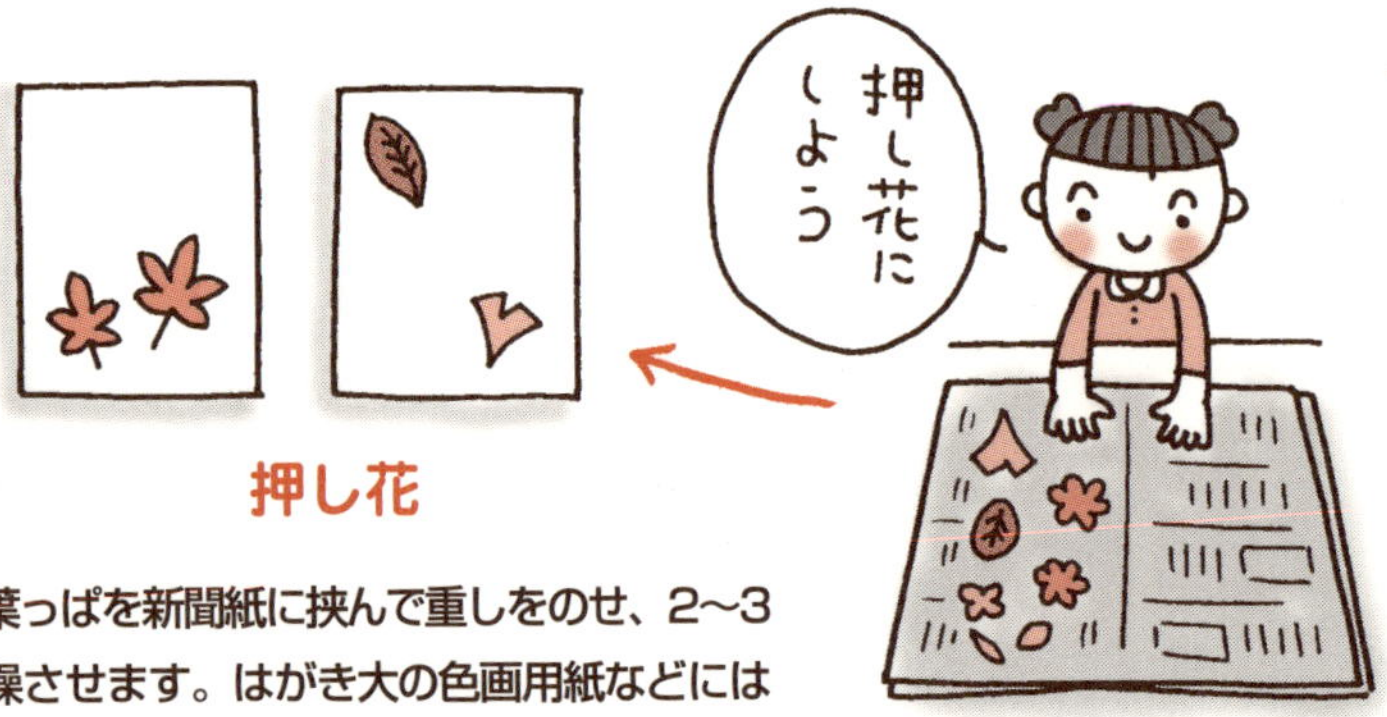
押し花にしよう

押し花

花や葉っぱを新聞紙に挟んで重しをのせ、2〜3日乾燥させます。はがき大の色画用紙などにはるとすてきなカードになります。

板

ドングリ人形

ドングリに油性ペンや顔料系の先の細いペンなどで顔を描きます。枝や板の上にはるとかわいい飾りになります。

ニコニコだ!
泣いてるー

ひとくふう

ドングリにいろいろな顔を描いて、入れ物に入れます。一つずつ取って、どんな顔が出るか「ドングリ占い」ができます。

牛乳パックなど

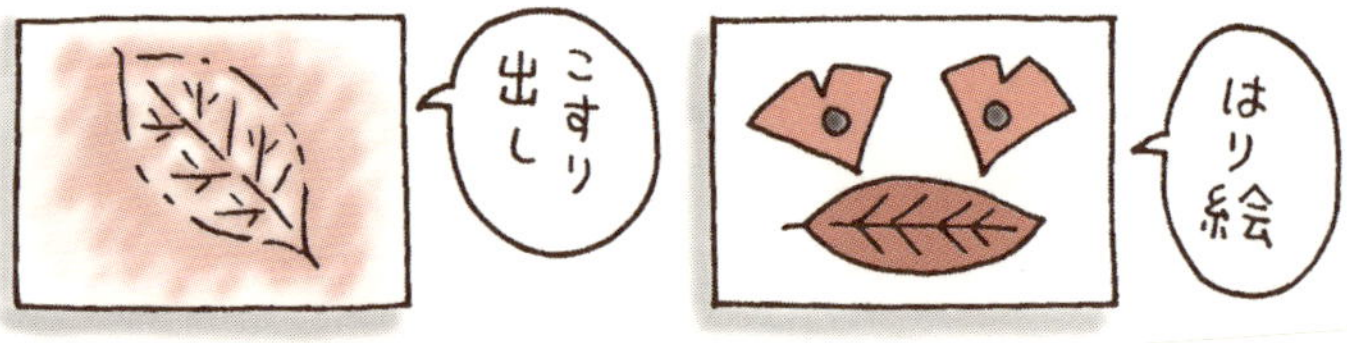
こすり出し
はり絵

落ち葉のはり絵やこすり出し

葉っぱをいろいろな物に見立て、画用紙にはっていきます。木の実や小枝も使ってみましょう。また、葉っぱの上に上質紙をのせてその上からクレヨンや色鉛筆でこすると、葉っぱの模様が浮き出てきます。

こんなに大きいよ!

資料編

part 4

よりよい遠足・園外保育のために

園外保育の前後にはすることがたくさんあります。
日案や保育者のアイデア、応急手当など、役に立ついろいろな
情報をまとめました。

活動のめやす

当日の日案例

「なにを体験してほしいか」などの願いをもって出かけ、園外での活動をスムーズに進めましょう。春の一般的な日案例を紹介します。

年齢別計画ポイント

0、1歳児

新鮮な外気に触れることは気分転換や、健康な体作りの土台になります。いつものコースの風景を覚え、安心したり期待して楽しみにしたり、変化に気づいたりするので、それをふまえて計画を立てます。また、午前睡をする子どもがいるなど一人ひとりの生活リズムにも配慮しましょう。

2歳児

一人ひとりの思いがぶつかり合うことが多いので、クラス全員で行かず、少人数に分かれて出かけてもいいでしょう。草花や虫、小動物を見る、木陰で休むことの心地よさを体験するなど、身近でさまざまな出来事を経験できる場所やコースを選びましょう。

3歳児

子どもの発達や様子をよく見て、一人ひとりのペースで安心して過ごせるようにかかわります。なんでも自分でやろうとしますが、無理のないようにくふうし、余裕のある計画をたてましょう。

4歳児

動きが活発になり、活動範囲も広がりますが、子どもの思いと行動、力量はまだ伴っていません。保育者間でチームを組んで子どもを見たり、全体で子どもの安全について考えたりしましょう。交通ルールや遊び方についても全体で話し合い、共通理解をもちます。

5歳児

年長としての意欲を感じ、子ども自身の思いを出していけるようなかかわりをしながら、園外保育に期待を感じられる計画を立てましょう。年長になったといううれしさの反面、安全意識が薄れてしまいがちになるときでもあります。安全面の配慮や援助をしっかりと考えましょう。

また、園外保育に向けて、園内の環境も期待がもてるような構成をしていくことを考えましょう。

0、1歳児の日案（5月）

活動のねらい	○春の日ざしや肌をなでる風の心地よさを味わう。 ○安心できる保育者と好きな遊びを楽しむ。 
活動内容	○だっこされて散歩する。 ・外気浴を兼ねて園庭や園舎の周りを散歩する（10～15分程度）。 ○いつもの散歩コースを歩いたり、ベビーカーに乗ったりして散歩する。 ○自然の中で探索遊びをする。 ・低月齢児は、シートに座って木々の間からキラキラ光る木もれ日を見たり、さわやかな風を感じたりするなかで、保育者にあやされて遊ぶ。 ・高月齢児は、保育者と手をつないで歩いたり、木陰などに隠れて「いないいないばぁ」や「待て待てー」と追いかけっこなどをしたりする。
子どもの姿	○戸外に出ることを喜び、歩いたり走ったりして遊ぶ。 ○砂や小石に興味をもち、ザラザラとした感触を楽しんだり、砂をつかんで放ったりする。 ○興味をもったことを指さして「あっ！」と保育者に知らせる。
保育者の配慮	○当日の子どもたちの様子を見て、計画通りでいいか、道順などを変更するかなど、保育者間で話し合い、子どもに合わせて対応する。 ○なんでも口に入れて試す時期なので、常に注意して目を離さないようにする。 ○子どもの発見や驚きに共感し、いつでも子どもの視線に添ってうなずき、言葉を添えて応じていくようにする。 ○園外保育に必要な持ち物（ティッシュ、タオル、ポリ袋、着替え数組、おんぶひもなど）をリュックサックに入れておき、いつでも持ち出せるようにしておく。携帯電話も必ず持って行く。 ○天候や一人ひとりの体調に合わせて衣服を調節し、日ざしが強いとき帽子をかぶったり、帽子をいやがる子は日よけができるようなくふうをしたりして、環境をつくる。 ○途中で疲れたり眠くなったりすることもあるので、保育者間で連携をとり、臨機応変に対応できるようにしていく。 ○帰ったら水分補給を忘れないようにする。

2歳児の日案
(5月)

活動のねらい	○春の自然に十分に触れる。 ○園外保育先の開放的な雰囲気のなかで、友達や保育者と遊ぶ。 
活動内容	○保育者や友達と手をつないで歩く。慣れたコースを歩き、先を見通しながら期待をもって楽しむ。 ○園外保育先で草花摘みをしたり、さわやかな春の風を味わったり、木々の様子を見たりして楽しむ。 ○虫を見つけたりつかまえたりして遊ぶ。
子どもの姿	○新しく生活が変わったことで疲れが出てきたり、体調を崩したりする子もいるが、徐々に生活の流れがわかってきて、保育室や保育者にも少しずつ慣れてくる。 ○少しずつ園の生活に慣れてきたが、登園時にはまだ悲しくなったり、ときどき思い出したかのように不安になる子もいる。 ○泣いていた子も外に出ることにより、気分が変わって遊び始める子もいる。
保育者の配慮	○園生活に慣れてきているがまだ不安定な子もいるので、その子が安心できる保育者がかかわり、安定して過ごせるようにしていく。 ○事前に十分な下見やチェックをし、危険のない安全な場所を選ぶが、子どもの動きなど細かな動作一つひとつを想定してかかわる。 ○子どもたちが自分の荷物(リュックサックや水筒など)を楽しんで持って行けるようにする。「自分で持っていきたい」という子どもの気持ちを受け止め、中身を子どもに合わせて抜き、持って行きやすくする。 ○子どもの興味や関心に合わせて立ち止まり、思いに添いながら道草散歩を楽しめるようにする。そのとき保育者同士で連携をとり、安全には細心の気を配る。 ○興味関心により、思いもよらない行動(興味にひかれて急に走り出すなど)を起こすことがあるため、全体を把握しながらも細かな目配りが必要である。 ○子どもの好きな遊びをいっしょに楽しみながら、子どもの驚きや発見に共感し、応答的なかかわりをしていく。 ○保育者や友達のしていることをまねて遊ぼうとする気持ちを大切にし、周りの友達とのかかわりをつなげていく。

3歳児の日案（5月）

活動のねらい	○広い場所で体を動かす楽しさや開放感を味わう。 ○保育者や友達といっしょに草花を摘んだり虫を見つけたりしながら、自然に触れて楽しむ。 ○ 交通ルールを知り、安全に気をつけて歩く。
活動内容	○自分で荷物を持ち、歩いて行く。 ○身近な草花を摘んだり、虫を見つけて遊んだりする。 ○広々とした公園で、追いかけっこなどをして体を動かして遊ぶ。 ○２列に並んで交通ルールを守る。 ・2人で手をつないで歩き、車に注意しながら右側を歩くなど。 
子どもの姿	○ほとんどの子どもたちは園にくることを喜び、好きな遊びを見つけて遊ぶ子もいるが、休み明けなどに泣いて登園する子もいる。 ○ひとり遊びをしていた子も、少しずつ周りのことが気になり始め、友達の遊びを見たりまねたりするようになる。 ○園庭の草花を摘んだり虫を見つけたりして、自然と触れ合うことを楽しんでいる。 ○いろいろなことに興味や関心を示し、歩いている途中で立ち止まったり、いろいろな物に触ってみたりして進めないことがある。
保育者の配慮	○園外保育の目的地やコースは無理のない近い場所を選び、安全な道を調べておく。事前に下調べをし、当日のアクシデント（天候の変化や子どもの様子など）に備え、いろいろな道順も考えておく。危険な場所がないか特にしっかりと調べ、共通理解をもって安全に配慮する。 ○ウキウキ、ワクワクした子どもの気持ちに添いながら歩いていき、楽しくなるような言葉かけをするが、危険を予測しながら歩き、しっかりと子どもにも伝える。交通ルールについても知らせて危険のないようにする。 ○固定遊具には必ず保育者がそばにつき、安全な遊び方を知らせていく。 ○虫や草花の図鑑を用意しておき、見つけたものの名前などを探せるようにし、興味が増すようにする。 ○遊びが見つけられず不安そうな子には、手をつなぐなどしていっしょに過ごし、遊びのきっかけをつくっていく。

4歳児の日案（5月）

活動のねらい	○友達と身近な草花や虫に触れて遊ぶ。いろいろな遊びに興味をもち、遊ぶ。 ○同じ遊びをしながら、友達とのかかわりを楽しむ。 ○交通ルールを守って歩く。 
活動内容	○見つけた虫や草花を使って遊ぶ。 ・身近な自然に目を向けて、観察したり図鑑で調べたり、試したりする。 ○広い場所で走り回ったり、おにごっこなどの簡単な集団遊びをしたりする。 ○遊具の安全な使い方を知る。交通安全について関心をもち、守ろうとする。
子どもの姿	○保育者や友達に慣れてきて、好きな遊びを繰り返して楽しんでいる。 ○気の合う友達と遊ぶ子も増えてくるが、思いが十分に伝えられずトラブルになることも多い。 ○園外に出ることにより開放的になり、いろいろな遊びに興味をもち、遊ぶ。園内にいるときとは違う姿も見られる。 ○動植物に興味をもち、見つけた草花や虫を友達に知らせたり触れたりして楽しんでいる。
保育者の配慮	○興味をもったことを調べられるように図鑑などの準備をする。 ○一人ひとりの子どもの思いやくふうしたことを大切にし、認めることによって自信がもてるようにする。 ○遊びに入りにくい子どもには言葉をかけ、友達と触れ合えるきっかけをつくっていく。 ○友達とトラブルになりそうなときは、仲介してルールや友達とのかかわり方などを知らせ、遊べるようにする。 ○道路の歩き方、自動車やほかの歩行者への配慮についても子どもたちと話し合い、知らせていく。 ○いろいろな遊びに興味をもち、意欲がわいて「やってみたい！」という思いがそのままかなえられるときもあるが、友達とのかかわりがうまくできなかったり、十分な力をまだもっていないために思ったようにはできなかったりすることもある。保育者は一人ひとりの子どもの様子を見ながら気持ちを受け止め、見守り、優しいまなざしと優しい励ましにより子どもの「やってみよう」とする意欲を育てていく。

5歳児の日案（5月）

活動のねらい	○園外保育に期待をもち、友達や保育者と楽しんで参加する。 ○季節を感じ、身の周りの自然に興味をもっていく。 ○交通ルールや目的地での遊び方やマナーなど、安全に対して意識をもって行動していく。
活動内容	○戸外で体を思いきり動かして遊ぶ心地よさを味わう。 ○ルールのある遊びを友達といっしょに楽しむ。 ○興味のある遊びに積極的に取り組む。 ○友達同士でごっこ遊びや自然物で遊ぶことを楽しむ。 ○草花を摘んだり、虫をつかまえたりしてさまざまな気づきや発見をする。
子どもの姿	○年長組での遊びや遊具に慣れ、いろいろな遊び方を試したり、自分たちなりにくふうしたりして楽しむ姿が見られる。 ○気の合う友達とやりたい遊びを楽しみながら、自分たちで遊ぶ姿が見られる。 ○仲のよい友達と遊ぶことが多いが、ほかの子にも目が向くようになり、新しい友達関係もできつつある。
保育者の配慮	○保育者間で共通理解をするためにも、危険な場所はないか、子どもの歩く所要時間、もっとも季節を感じられる場所はどこか、など事前に下見をし、当日の過ごし方を十分に検討していく。 ○子どもたちの遊びを見守りながら、また、いっしょに遊びながら、必要な場面で遊具の安全な使い方にも気づかせていく。 ○思う存分遊び、十分に遊びを楽しめるような時間をとる。 ○友達と遊ぶ楽しさを味わえるように、保育者も仲間として加わり、会話を楽しみながら子どもたちのかかわりを広げる。 ○いろいろなことに挑戦したり、遊んだり、試したりしている姿の中で、日ざしのまぶしさや風のさわやかさを感じたり、新緑の美しさや雲の様子に目が向いたりもするので、自然と出会えたチャンスを逃さないように言葉かけをし、自然に興味関心がもてるようにしていく。 ○子どもたちのいろいろな気づきや発見に共感して言葉を交わしたり、事前に下見で決めたポイントで立ち止まったりしてみんなの話題にしていく。

案（84〜89ページ）／岐阜保育実践研究会

保護者へ知らせる

帰ってからの報告

遠足、園外保育に行ってきたら、保護者に「こんなことをしてきました」という報告をしましょう。子どもの様子がわかってうれしいものです。

楽しいエピソードを保護者に伝えましょう

保護者は、遠足や園外保育で子どもたちがどんなことをしてきたのか知りたいと思っています。そこで、行ってきたときのことを簡単にまとめ、保育室の前に掲示したり、後日クラス便りとして配布したりして、保護者に伝えられるといいですね。

子どもたちがどんな遊びをしたか、なにを体験してきたか、お弁当を食べたときの様子、行き帰りの会話など、思わず笑ってしまうようなほほえましいエピソードを載せましょう。また、子どもたちが友達とどのようにかかわっているかなど、成長ぶりも伝えられるといいですね。それらを保護者に伝えれば、家庭での子どもとの会話も弾むでしょう。

ちょこっとアイデア

子どもたち向け自然写真展

園外保育のときには、カメラを持って行き、草花や木、虫、雲など季節感のあるものを撮影してきます。それをプリントし、草花の名前、特徴、いつどこに咲いていたか、などを書いて展示しましょう。「花びらは　なん枚あるかな？」などのひと言コメントがあると、身近な自然への興味や関心がより高まります。

成長スナップを撮ろう

近くの公園などで、四季の移り変わりがよくわかる背景（例えばサクラやイチョウの木）を探します。その前で春、夏、秋、冬の季節ごとに子どもたちの写真を撮り、掲示していきましょう。4枚そろうと子どもたちの成長と四季の変化がよくわかるスナップになります。

遠足の報告の例

●時間を追って書く

つくしぐみだより

春の遠足に行ってきました！
（ドングリ山公園）

8：50 出発

朝はちょっとお天気が心配でしたが、空が明るかったので思いきって出発！　リュックをしょって2人組で手をつなぎ、上り坂や下り坂もがんばって歩きました。

9：40 到着

着いたときにはお日さまが顔を出していました。タイヤ、ぶらんこ、グルグル回る乗り物にみんな目がキラキラです。

10：30 アスレチック

少し移動して、お楽しみのアスレチック。ターザンロープやつり橋、山登りなどみんなキャーキャー言いながら遊んでいました。遊具の下のトンネルでは、子どもたちが考えたおばけごっこで盛り上がりました。ところが雨がポツリ……。

お弁当、重いなー

降らないでー！夕方まで待ってー！

時間ごとに区切って書いていく

出発から園に帰ってくるまでの出来事を、時間を追いながら書いていく。より詳しい内容を書くことができる。園外保育ならではの発見や驚きを伝える。

子どもたちの言葉を添える

なに気ない言葉でも、書いておくとそのときの雰囲気が伝わりやすくなる。

●テーマを絞って書く

ももぐみだより

イモ掘りをしてきました

長靴をはいて歩いて行き、イモ畑に着くと、おイモがちょっぴり顔を出しています。子どもたちは「あったぁ！」とさっそく掘り出そうとしました。ところがなかなか出てきません。「先生、取れなーい」　担任「がんばってよ～」　「引っ張れないよ」　担任「周りの土を掘るのよ」などのやりとりが続き、「きゃあ！　こんなに大きいよ！」「先生、見て見て！」　もう、あっちでもこっちでも大騒ぎでした。

★お弁当作り、ありがとうございました。子どもたちが掘ってきたおイモ。ご家庭でもおいしいお料理でお楽しみください（天ぷら、大学イモ、イモご飯、スイートポテトなど）。

メインの出来事を詳しく書く

そのときの状況、子どもたちの様子を詳しく書く。子どもたちと保育者の具体的な会話も入れて、楽しく報告する。また、お弁当作りへのお礼もひと言添えるとよい。

写真を載せる

最近は、デジタルカメラで撮影して園でプリントすることも多い。集合写真などを載せるのも楽しい。

準備から
盛り上がる

遊びの実例アイデア

準備段階や当日の遊びなど、遠足、園外保育で保育者が実際に行った遊びを紹介します。どれも子どもたちに大好評のアイデアです。

事前に

遠足ごっこ

①製作のときにお弁当を作り、かばんに新聞紙といっしょに入れます。列になって出発し、廊下やテラスなど園内を歩きます。

②ホールに、いすをバスの座席のように並べ、順番に座ります。バスの中での約束を伝え、バスレクも少しだけやります。

③動物園に到着したという設定でバスを降ります。ピアノに合わせて動物のまねをし、新聞紙を広げてお弁当を食べたり、お昼寝をしたりします。

④次はゲームです。新聞紙を半分に折った物の上に立ち、さらに半分、さらに半分に折りながら立ち、新聞紙から足が出たら負けです。また、新聞紙を広げ、細く巻いて剣にして戦ったり、広げたまま引っ張りっこをしたり、小さくちぎって雪のようにばらまいたりして遊びます。

⑤最後は遊び終わった新聞紙をゴミ袋に入れ、大きなボールにして遊びます。再びバスに乗って帰り、お弁当はおうちへのおみやげとして持ち帰ります。

当日の遊び

オリから出さないぞ

①保育者と半数の子どもが手をつないで円を作り、残りの子どもは円の中に入ります。

②円になった子どもはつないだ手を上下に動かし、内側の子どもはそのすきを見て外に出ます。時間を決めて交替しましょう。

しゃがんでピョン！

①子どもは2列に並んで手をつなぎます。なわの両端を持った保育者が前に立ち、子どもの足の下になわを通していきます。子どもはそのなわをジャンプします。

②最後までいったら、次は頭の上になわを通していきます。子どもはしゃがんでなわをよけます。

★2組の親子が並んで4列になっても楽しいです。クラス対抗で競争しても盛り上がります。

バルーン

運動会の種目としてよく使われるバルーンですが、広い場所で遊ぶのも楽しいものです。バルーンの周囲をみんなで持ち、保育者の号令でいろいろな動きをして形を作ってみましょう（上下に揺らしたり、中に空気を入れたり、中心を手や棒で突き上げてから回ったりなど）。

遊びコーナー

公園の一角に、踊りをするコーナー、草花遊びコーナー、宝探しコーナー、木登りコーナーなどを作ります。各コーナーを保育者がそれぞれ担当し、そこで遊んだ子にはシールをはります。

けがなどに備える

応急手当

けがや事故などは起こらないように細心の注意を払わなければなりませんが、万が一のときのための対応策を知っておくことも必要です。

園外でなにかあったら園にも連絡して相談を

あってほしくないことですが、「もしものときはどうするか」については保育者が共通した認識をもっていなければなりません。園内で十分に検討しておきましょう。

子どもが大きなけがや発熱などで、園外保育を続けることができない場合には、まずその場にいる保育者で相談し、園にも連絡してどうするか決めます。そして、同行している保育者が連れて帰るか、園に残っている保育者か保護者に迎えに来てもらうか判断しましょう。もし早く病院へ行ったほうがいい場合でも、その前に保護者に連絡をして、そうしてもいいかどうか確認することが前提です。保育者だけの判断で病院に連れて行くことは避けましょう。

ワンポイントアドバイス

小さなけがでも保護者に報告します

ちょっとしたすり傷や虫さされなどでも、保育中に起こったことは保護者に報告しましょう。どんな状況でそうなったのか、その場ではどんな手当をしたのかを伝え、「おうちでも様子を見てください」とひと言添えておきましょう。保護者には覚えのない傷が子どもにあると不審に思いますが、事情がわかれば「そんなことがあったのですね」と安心します。

事故や急病

すりむいた、切った

手当

流水で洗い、傷口をおおう

傷口の汚れを落とすため、流水で泥などをよく洗い流します。水気をふいてばんそうこうなどで傷口をおおっておきます。

こんなときは病院へ

出血がひどい、傷が深い

清潔なガーゼなどを傷の上にギュッと押し当てて圧迫していても出血が止まらないときは、急いで病院へ。ガラスの破片が深く刺さっているときや古いクギを刺したときも、応急手当をしてから病院へ。

虫に刺された

手当 刺されたところを洗ってから処置をする

蚊に刺されたときはまず流水で洗い、かゆいときはかゆみ止めを塗ります。ハチや毛虫に刺されたときは、その部分をつまむか毛抜きで針や毒を出し、流水で洗ってから抗ヒスタミン軟膏などを塗っておきます。

こんなときは病院へ スズメバチやクマバチに刺された

スズメバチやクマバチなど大きなハチに刺されると呼吸困難や意識障害を起こすことがあるので、救急車を呼びます。

アシナガバチなど小さなハチに刺されたときも、応急手当のあと病院へ行ったほうが安心です。

乗り物酔い

手当 衣服をゆるめ、横になって安静にする

気持ちが悪い、顔色が青い、冷や汗をかいているようなときは乗り物酔いです。乗り物から降りるか、降りられないときは衣服をゆるめ、体を横にして安静にし、窓を開けて風を入れましょう。吐いてしまったときは、吐いたものをすぐに片づけ、口の中をゆすいですっきりさせます。

こんなときは病院へ よくならず、なん度も吐く

吐くとすっきりすることが多いのですが、それでもよくならず、なん度も吐くときは病院へ行きましょう。

熱中症

手当 涼しい場所で安静にし、水分補給をする

日の当たる場所にいてぐったりして発熱しているときは、熱中症かもしれません。すぐに涼しい場所に移動して衣服をゆるめ、頭や体を冷たいタオルで冷やします。できればスポーツ飲料、なければ水やお茶などを少しずつ飲ませて水分補給をしましょう。

こんなときは病院へ 意識がない、けいれんをしている

意識がない、けいれんを起こしている、水分をとることができない、体を冷やしても熱が下がらないときは重症です。救急車を呼びます。

熱が出た

手当 安静にし、水分補給をする

園外保育中に発熱したときは、園や保護者に連絡し、その場で安静にします。熱の出始めで寒気がするときは温かくし、汗をかいているときは厚着をさせず、着替えるなどしましょう。熱が高いと脱水症状を起こしやすいので、スポーツ飲料などで水分補給をします。冷却シートをはったほうが気持ちがいい様子ならばはります。

こんなときは病院へ 熱が高く、下痢やおう吐が続く

熱が38度以上あり、下痢やおう吐が続くときや意識がないときはすぐに病院へ行きましょう。

おなかが痛い

手当 トイレに行く、全身症状を見る

便秘や食べすぎ、胃腸炎かもしれないので、トイレに行ってみます。かぜの症状の一つのこともあるので熱を測り、顔色や下痢や吐き気がないかなど全身症状をよく見ます。

こんなときは病院へ 下痢、おう吐が続く、激しく痛がる

下痢やおう吐をなん度も繰り返す、話ができないほど痛がる、便に血が混ざっている、おへその右下を痛がるときはすぐに病院へ行きます。

SOS! こんなときは救急車を呼ぶ

遠足、園外保育中の事故や急病で、救急車を呼んだほうがいいのは次のような場合です。ほかに、意識はあってもぐったりしている、おう吐が止まらない、などのときはすぐに病院へ行きましょう。救急車が来るまでの間に救命処置が行えるよう、消防署で行う救命講習を受けておくといいでしょう。

- 意識がない
- 呼吸をしていない
- 耳から出血している
- 出血がひどい
- けいれんが10分以上続く、または短時間で繰り返す

119番

監修（94〜96ページ・手当）／鈴木 洋（鈴木こどもクリニック院長）

自然災害

地震のとき

**まずは身を守ることが一番
安全な場所に避難し、人数を確認する**

日ごろの避難訓練で行っている行動に従い、安全な場所に避難します（下見のときに確認しておく）。人数を確認し、地震の大きさによって園外保育を続けるか、園に戻るか判断しましょう。

地震の規模が大きく、被害が大きくてすぐに園に戻れない、電話がつながらないなどのときはどうするかも普段から話し合って共通理解をもっておきましょう。

雷、大雨のとき

**屋根のある場所に避難して
様子を見る**

雷や突然の大雨のときは、すぐに安全な場所に避難します。しばらく様子を見て天候の回復の見込みがなければ園に戻ります。川の近くにいるときは増水の危険を考えて一刻も早い避難が必要です。

出発前にはその日の天候の確認をし、積乱雲があると雷が発生しやすいので雲の様子も観察しましょう。

保育者の実践例を紹介します

（急なハプニングのとき）

●電車で遠足に行く途中、発熱した子がいたので、園にすぐ連絡し、１人の保育者が連れて帰りました。

●バスで吐いてしまい、服を汚してしまいました。すばやく着替えさせ、臭いが充満しないように消臭スプレーをしました。

●親子遠足に参加していた未就園児が迷子になってしまいました。保育者が携帯電話で連絡を取り合いながら探し、無事に見つかりました。

●バスに向かう途中、急に大雨が降り出しました。ビニールシートの四隅を保育者が持って屋根を作り、子どもたちがぬれないようにしました。

●歩いているときに子どもが畑に落ちてけがをしてしまいました。幸い軽症だったので、ばんそうこうをはって、そのまま行くことができました。

●高熱が出た子がいたので、保護者へ連絡をし、迎えに来てもらいました。

監修（97ページ）／国崎信江　イラスト／山岡小麦

遠足・園外保育イラストカット集

イモ掘り遠足

おわかれ遠足

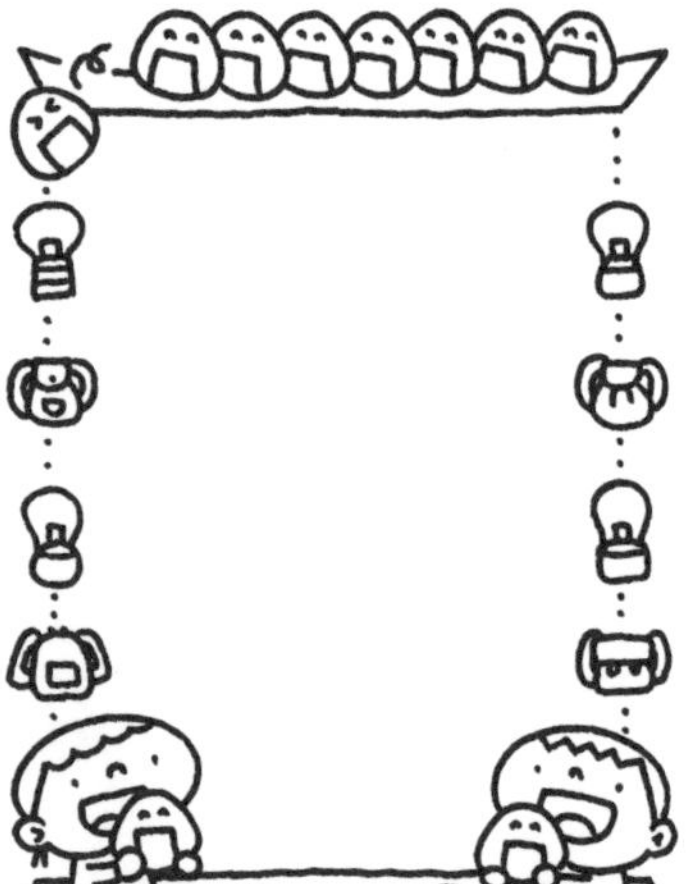

型紙

用途に合わせた大きさにコピーをして
お使いください。

P44 バスのしおり

タイトルスペース

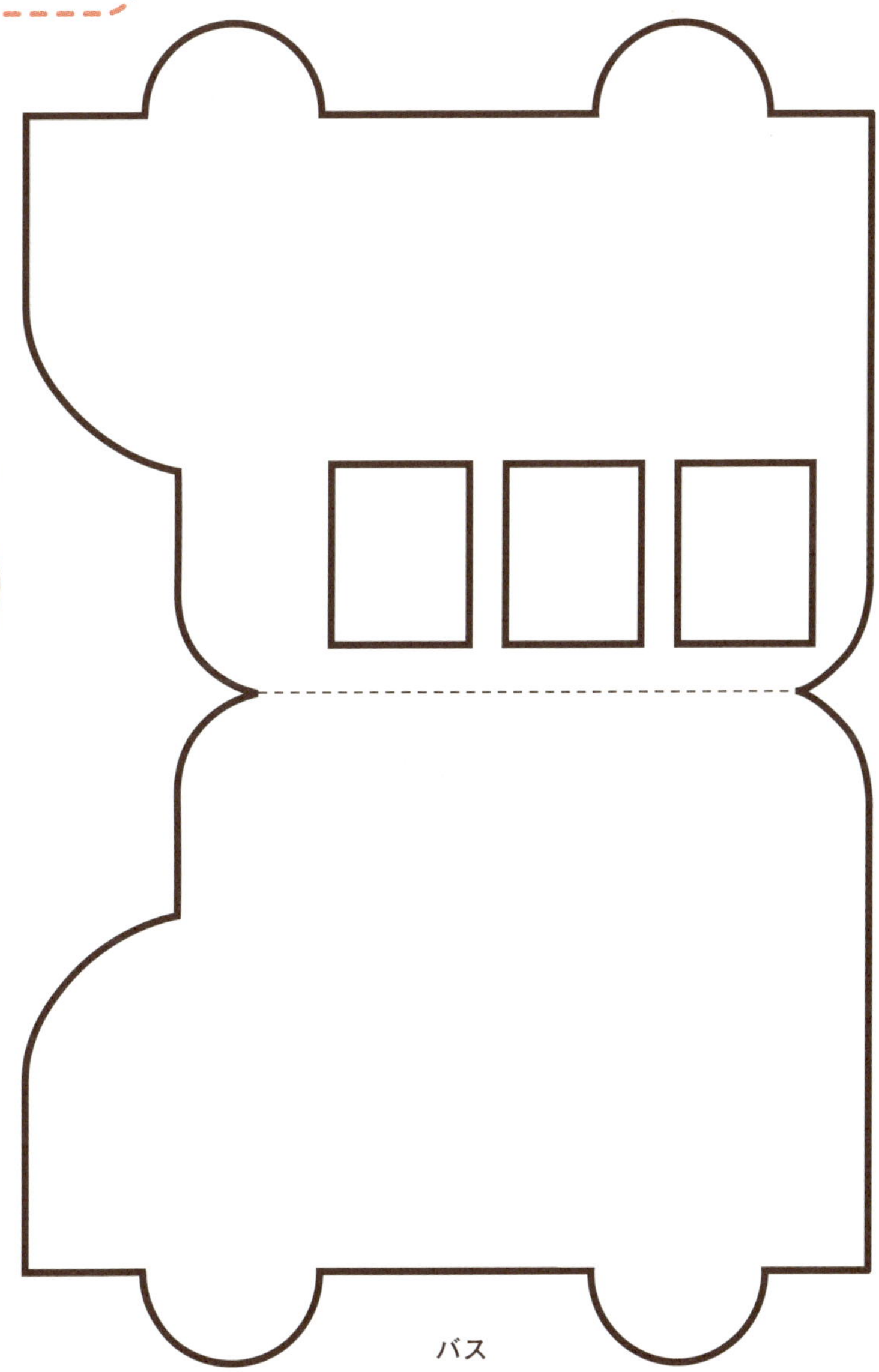

バス

P45 ヒヨコの旗

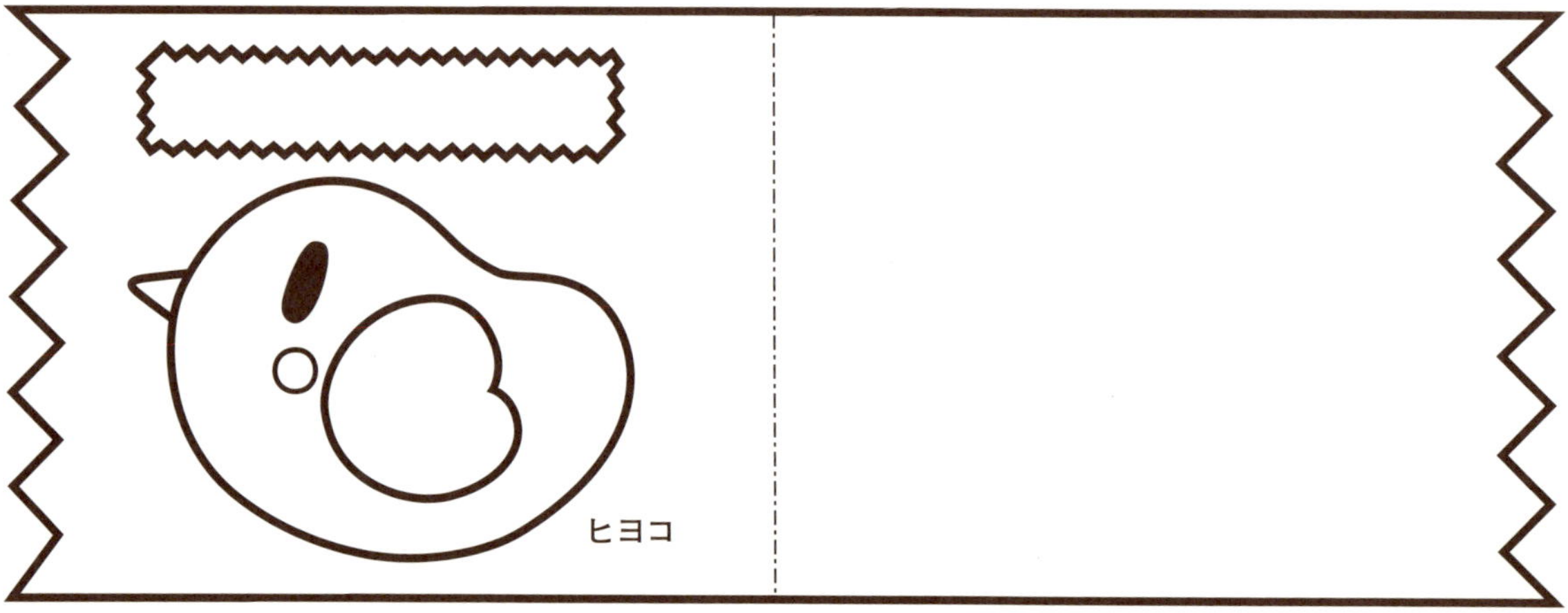

旗

P45 イヌのうちわ

口

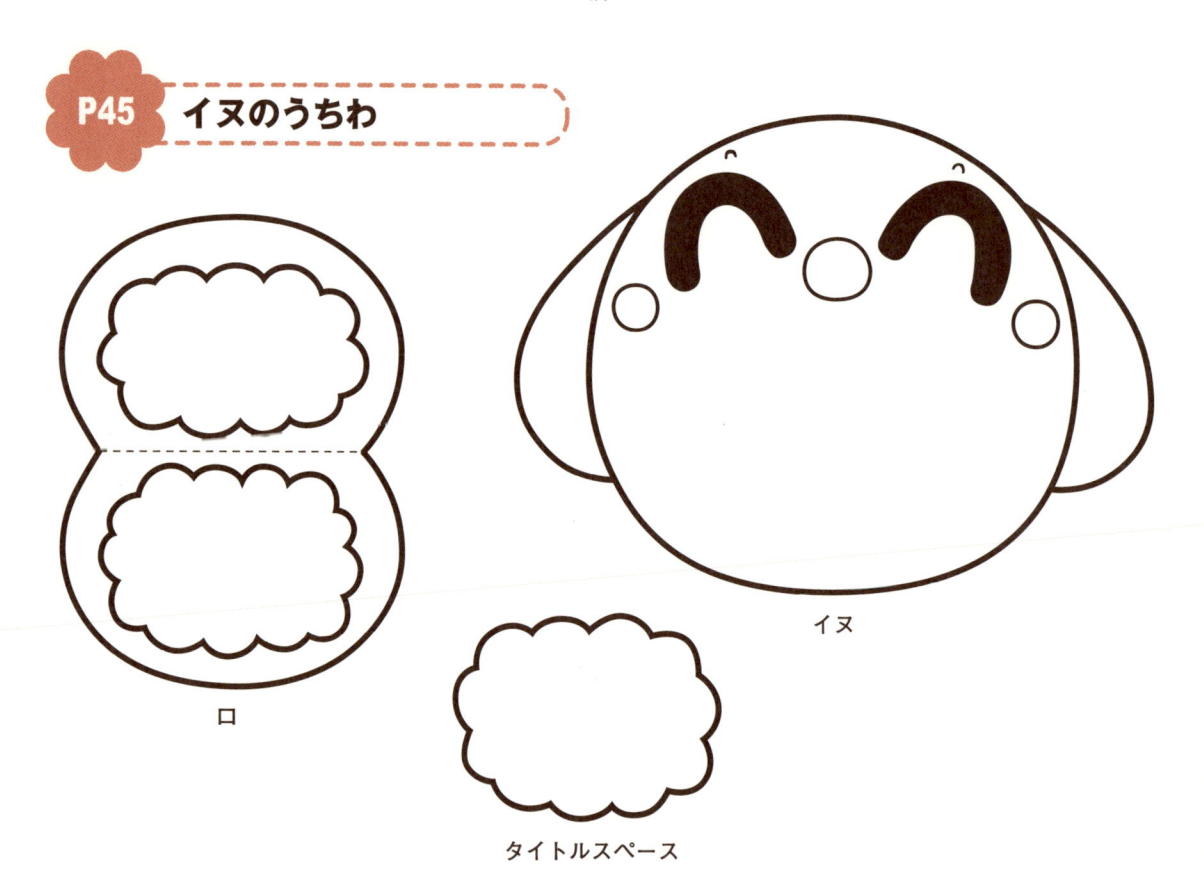

イヌ

タイトルスペース

P46 ウサギのポシェット

ポシェット・表

リンゴ

タコ

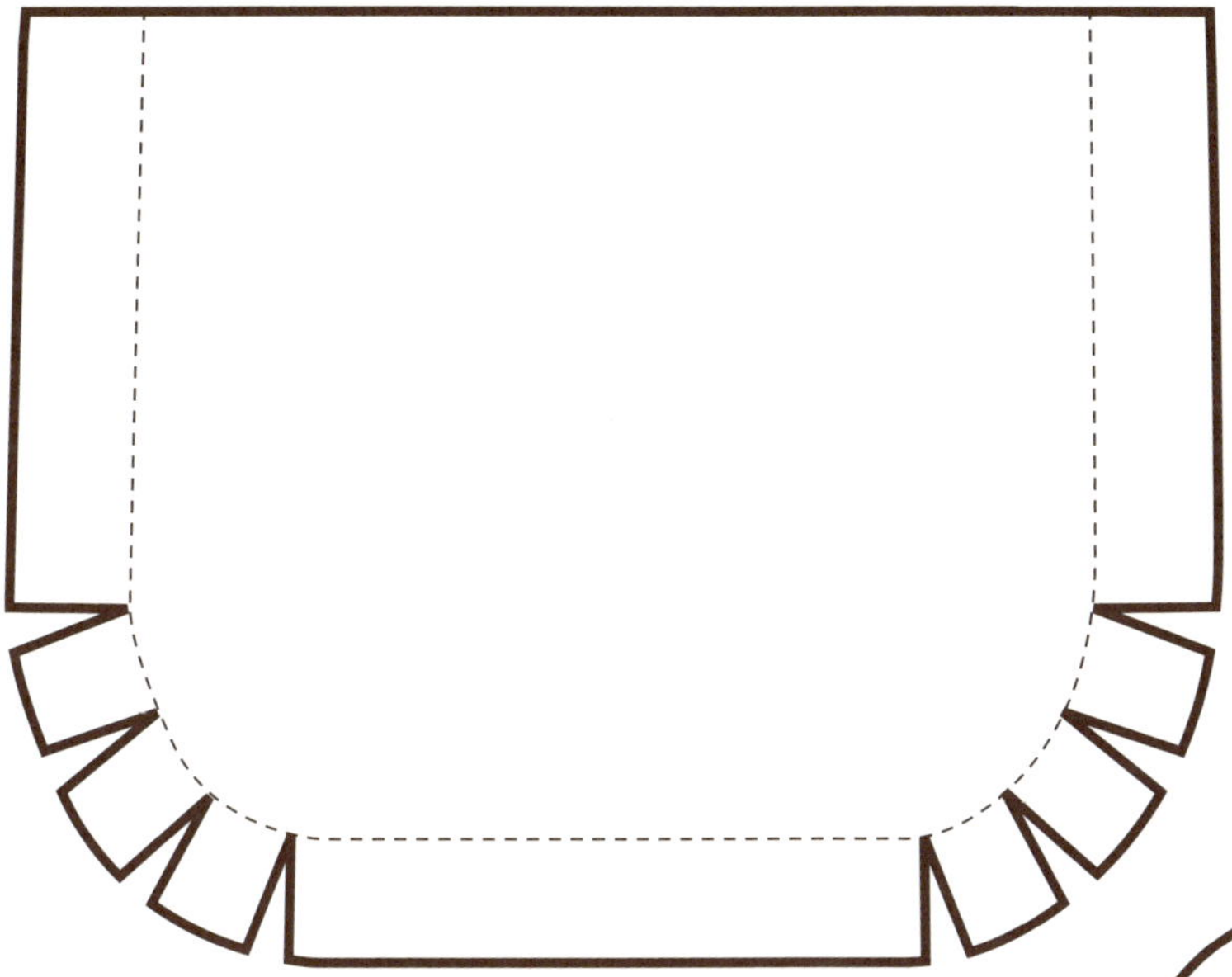

ポシェット・裏

おにぎり

ウサギ

花・小

花・大

まるごと園行事シリーズ ❹

遠足・園外保育

2009年2月　第1刷

編著　阿部　恵（道灌山学園保育福祉専門学校・道灌山幼稚園）　©MEGUMU ABE 2009

協力（五十音順）

岡本洋子（徳島県・わかくさ幼稚園）
大山早苗（東京都・公立保育園）
小田圭子（東京都・私立保育園）
加藤良美（茨城県・取手保育園）
亀井亜紀（東京都・福寿院幼稚園）
菅　郁子（東京都・まどか幼稚園）
岐阜県・岐阜保育実践研究会
佐藤千古（新潟県・浦佐保育園）
鈴木愛子（茨城県・上辺見保育所）
藤井徳子（東京都・うめだ・あけぼの学園）
宮﨑信子（東京都・公立幼稚園）

アンケート協力

茨城県・取手保育園
鹿児島県・つばき幼稚園
埼玉県・あかつき幼稚園
埼玉県・浦和すみれ幼稚園
埼玉県・浦和つくし幼稚園
埼玉県・浦和めぐみ幼稚園
埼玉県・厚徳幼稚園
埼玉県・大門幼稚園
埼玉県・みぬま幼稚園
東京都・うめだ・あけぼの学園
東京都・福寿院幼稚園
東京都・まどか幼稚園
徳島県・わかくさ幼稚園
新潟県・浦佐保育園

発行人……………………浅香俊二
編集担当 …………………石山哲郎　飯島玉江
　　　　　　　　　　　鶴見達也　西岡育子
発行所……………………株式会社チャイルド本社
〒112-8512　東京都文京区小石川5-24-21
☎03-3813-2141（営業）　☎03-3813-9445（編集）
振替：00100-4-38410

アートディレクション……嶋岡誠一郎（プレーンワークス）
表紙イラスト………………林　るい
章扉イラスト………………中小路ムツヨ
撮影………………………株式会社フォト・オリジナル
楽譜浄書…………………株式会社クラフトーン
編集協力…………………株式会社スリーシーズン　植松まり
印刷………………………共同印刷株式会社
製本所……………………一色製本株式会社

ISBN978-4-8054-0138-5 C2037
NDC376 104P 232×182
日本音楽著作権協会　（出）許諾第0900295-901